JN485504

AI 로봇과 휴머니즘

인공지능총서

인공지능 시대입니다. 기계가 인간의 인지를 대신하고, 사물이 인간을 통하지 않고 다른 사물과 직접 커뮤니케이션합니다. 이에 따른 인간 삶과 문명 변화를 정확히 이해 · 예측 · 대응하는 것은 이 시대 우리 모두의 과제입니다. 인공지능총서는 인공지능기술과 환경의 여러 주제를 10가지 키워드로 정리합니다. 관련 개념과 이론, 학계와 산업계의 쟁점, 우리 일상의 변화를 다룹니다. 인간과 기술의 현재, 미래를 세심히 분석합니다.

일러두기

- 인명, 작품명, 저서명, 개념어 등은 한글과 함께 괄호 안에 해당 국가의 원어를 병기했습니다.
- 외래어 표기는 현행 어문규정의 외래어표기법을 따랐습니다. 단, 딥러닝(Deep Learning) 등 전문 용어는 업계 관행에 따랐습니다.
- 이 책은 인공지능, 지능로봇, 포스트휴먼을 중심적으로 다룬 저자의 저서와 논문들(정채연, 2016, 2017, 2018, 2019)을 수정·보완해 총서에 적합하도록 재구성했습니다.

AI 로봇과 휴머니즘

정채연

대한민국, 서울, 커뮤니케이션북스, 2025

AI 로봇과 휴머니즘

지은이 정채연
펴낸이 박영률

초판 1쇄 펴낸날 2025년 2월 21일

커뮤니케이션북스(주)
출판 등록 2007년 8월 17일 제313-2007-000166호
02880 서울시 성북구 성북로 5-11
전화(02) 7474 001, 팩스(02) 736 5047
commbooks@commbooks.com
www.commbooks.com

이 책은 커뮤니케이션북스(주)가 저작권자와 계약해 발행했습니다.
본사의 서면 허락 없이는 어떠한 형태나 수단으로도
이 책의 내용을 이용할 수 없음을 알려드립니다.

ⓒ 정채연, 2025

ISBN 979-11-7307-873-6 03500

책값은 뒤표지에 표시되어 있습니다.

차례

인공지능 시대에서 탈근대성의 수용과 발전 vii

01 인공지능과 근대적 인간관 1

02 인공지능과 심신이원론 9

03 인공지능과 포스트휴머니즘 19

04 인공지능과 비인간의 주체성 31

05 도덕적 행위자로서 인공지능 43

06 인공지능과 인간종 중심주의 55

07 인공지능과 로봇권 65

08 인간과 인공지능의 상호성 77

09 인공지능과 인간-기계 상호작용 87

10 인공지능과 인간의 공진화 99

인공지능 시대에서 탈근대성의 수용과 발전

휴머니티에 관한 새로운 탐구로서 로봇윤리담론

지능정보사회(intelligent information society)에서 인공지능과 지능로봇의 상용화가 본격적으로 전개됨에 따라, 윤리(ethics; Ethik) 규범에 관한 연구 관심이 집중되고 있는 현상에 주목해 볼 필요가 있다. 현대사회의 과학기술 분야에서 새로이 제기되는 가치 판단의 문제들은 특히 윤리 규범의 중요성을 부각한다. 생명 공학과 의과학기술의 발전이 생명윤리(bioethics)와 의료 윤리(medical ethics) 담론을 촉발했듯이, 오늘날 지능정보사회로의 진입은 로봇윤리담론의 성장을 이끌고 있다. 윤리란 "각 개인이 양심을 기초로 하여 선한 것이라고 생각하는 규범"(이상돈, 2009: 170)이다. 오늘날의 다원주의적 현대사회에서 이러한 '선함'의 구체적인 내용에 대해 해당 공동체의 모든 구성원이 동일한 기준을 가질 수는 없다. 즉 윤리는 시대적 · 문화적으로 변화할 수 있는 본질적으로 주관적인 가치 체계를 바탕으로 하기에(김윤명, 2016a:

100), 윤리 규범의 기본적인 속성 및 특질은 그것이 결코 보편화될 수 없다는 데 있다. 지능정보사회에서 새로이 제기되는 사회 문제들 역시 개별 상황마다 가치 판단이 가변적이고, 가치 판단에 대한 선호도가 상이하며, 이에 따라 보편적인 윤리적 가치 규범을 수립하는 것은 사실상 불가능하다고 할 수 있다.

로봇윤리는 인공지능 및 지능로봇이 내리는 의사 결정들이 인간 사회에 영향을 미치는 상황을 기본적인 전제로 삼는다. 고양된 수준의 지적 능력을 갖춘 지능로봇이 인간의 통제 및 개입 없이 일련의 의사 결정을 하게 된다는 점에서 로봇에 대한 윤리화 과제가 요청되는 것이다. 현재 시점에서 상용화가 급속히 전개될 것으로 예측되는 자율주행자동차, 군사 로봇, 의료 로봇 모두 인간의 생명 및 신체에 대한 의사 결정 과정에 관여한다는 점에서 윤리적 요청이 강하게 제기된다고 할 수 있다. 지능로봇의 의사 결정이 외부 세계에 미치는 영향, 즉 로봇의 판단 및 행위가 실제 일련의 작용과 반응을 가져온다는 점에서 로봇윤리의 논의가 시작되는 것이다. 이러한 점은 특히 인간의 생활 세계에서 함께 공존하는 사회적 로봇의 맥락에서 더욱 분명하게 나타난다고 할 수 있다. 인간과 모종의 사회적 관계를 형성하도록 기획 · 설계된 사회적 로봇은 여타 지능로봇과 구별되는 수준의 사회적 지능과 자율성을 갖출 것이 요청되고, 그에 따른 특유의 도덕적 · 윤리적 기준이 마련되어야 한다.

로봇윤리담론에서는 현상적인 차원에서의 자율성과 지능정보를 갖춘 인공지능 로봇의 등장을 적극적으로 논하기 위해, 기존의 이론적 전제를 넘어서거나 적어도 우회하는(bypass) 대안적 방법론 혹은 접근 방식이 관찰된다. 이러한 접근은 근대 윤리담론에 대한 대안적 성격을 갖는다는 점에서 탈근대적인 방향성을 내포하고 있다고 평가할 수 있다. 로봇윤리담론에서는 먼저 윤리적 행위자로서 지능로봇을 승인하기 위하여 기존의 법 · 윤리 개념을 확장적으로 재구성 · 재해석하거나, 인공지능 및 지능로봇에 적합한 새로운 개념들을 창설하려는 시도를 발견할 수 있다. 또한 인간-로봇 상호작용의 연구성과에서 잘 나타나듯이 의인화 등 로봇과 관계 맺는 인간의 반응에 주목하면서, '정신'에서 '신체'로 그리고 '실재'에서 '현상'으로의 관심 전환을 이끌었으며, 이와 더불어 인간-로봇의 관계에 대한 인식이 주종관계에서 동반자 관계로 나아가고 있다고 평가할 수 있겠다. 나아가 인간과 로봇 사이의 상호작용이 갖는 호혜성에 대한 강조는 윤리적 가치 판단에서 '이성'보다 '감정' 및 '공감'의 정서를 중요시하는 논의로 연결된다. 마지막으로 이러한 소통적 관계는 새로운 기계종인 로봇과의 상호작용으로 인해 인간 자신의 자기 이해가 변화하고 인간의 전반적인 역량이 강화될 수 있다는 공진화의 가능성에 대한 논의에서 극대화된다. 이 책은 이렇듯 로봇윤리에서 대안적인 사고의 틀을 제공해 주는 담론들이 근대 법이론과 윤리 사상에 대해 갖는 함의에 지적 관심을 두고 논의를 전개한다.

지능로봇은 점차 인간의 일상적 삶의 영역으로 들어오고 있으며, 인간 사회에서 다양한 역할들을 수행하면서 함께 공동체 생활을 영위해 나가게 될 것이다. 2004년 후쿠오카 세계 로봇 선언(Fukuoka World Robot Declaration)은 다음 세대의 로봇이 인간과 공존하고, 신체적으로나 정신적으로 인간을 보조하며, 안전하고 평화로운 사회의 실현을 위해 기여할 것이라는 기대를 표명한 바 있다. '유비쿼터스 로봇 사회(Ubiquitous Robot Society)' 혹은 '신(新)메카트로닉 사회(Neo Mechatronic Society)'는 인간과 로봇의 상호 공존과 사회 통합이 이루어지는 '인간-로봇 공존 사회(human-robot coexistence society)'를 추구하며, 이에 따른 새로운 윤리적 과제들이 지속적으로 등장하게 될 것이다(Weng & Chen &

Sun, 2009: 268).

지능정보사회는 인간과 로봇이 공존하는 사회 체계를 구현하고자 하며(김윤명, 2016b: 25), 이때 로봇윤리는 이러한 상호 공존이 가능하게 하는 규범적 테두리를 설정하기 위한 담론이라고 할 수 있다. 로봇윤리담론의 논의 추이를 살펴보면 로봇윤리와 기계 윤리는 인간의 윤리 연구에도 상당한 영향을 미치고 있다는 점을 알 수 있다. 곧 로봇윤리는 인간의 윤리적 가치를 지능로봇에 전이(transfer)하여 윤리적 로봇을 만드는 논의에 머무르지 않고, '인간의 윤리'에도 새로운 성찰을 가져오는 양방향의 상관성을 갖는다. 특히 공진화의 맥락에서 인간과 로봇의 사회적 관계를 바라볼 때, 로봇윤리는 로봇만이 아닌 궁극적으로 인간에 대한 탐구를 내포하고 있음을 분명하게 알 수 있다. 곧 인간과 로봇의 상호작용이 인간 자신의 자기 이해와 인간적 좋음(human good) 및 행복(human flourishing; Eudaimonia)에 기여한다는 윤리적 논의의 지평은 로봇윤리를 인간 윤리의 연장선상에서 이해하도록 하며, 이때 로봇윤리와 휴머니티와의 양립 가능성을 바라볼 수 있게 된다(von Braun et al., 2021).

역사적 개념으로서 포스트휴먼과 휴머니티 개념의 확장

인공지능 담론이 추동하는 근대적 패러다임의 변화라는 거시적인 맥락에서 성찰할 때, 다음의 세 가지 지평에서 논의해 볼 수 있다. 첫째, 인공지능으로 인해 근대성의 본질적인 속성 및 근대적 인간관에 대한 근본적인 재구성 · 재해석이 이루어지는 맥락이다. 둘째, 기존의 근대적 체계에서 포함되지 않았던 새로운 주체 및 주체성을 승인함으로써 보다 포용적인(inclusive) 체계로 확장되는 측면이다. 셋째, 인공지능이 상용화됨에 따라 나타나는 제도적 차원의 실천적 변화 가능성이다. 이렇듯 인공지능을 비롯해 4차 산업혁명을 이끄는 과학기술의 발전으로 인한 변화는 근대적 체계의 토대에서부터 이루어지게 될 것으로 전망된다. 이러한 근본적인 변화는 특히 기존의 인간중심적인 체계를 넘어서는 새로운 가능성에 대한 검토를 요청한다. 다시 말해, 인공지능 담론은 지능정보사회에서 인간중심주의를 넘어서는 가치 및 현상을 어떻게 수용할 것인지를 주된 쟁점으로 다루고 있다는 점에서, 더 근본적인 차원에서는 포스트휴먼 담론과 접점을 이루고 있다(Nath & Manna, 2023).

포스트휴먼 담론에서는 인간의 범위 혹은 범주, 인간

본성에 대한 새로운 이해, 그리고 인간과 비인간의 경계 희석 등, 종래 인간 개념에 대한 해체적 재구성이 시도되고 있다. 포스트휴먼의 출현은 인간의 개념적 스펙트럼이 인간의 속성을 가진 모든 존재로 확장되도록 이끌면서, 근대적 의미의 인간학 및 휴머니즘에 대한 대안적 분석을 요청한다(최진석, 2015). 특히 포스트휴먼 시대에서 인간의 존엄성과 인권의 이론적 바탕을 인간 내의 속성에서만 발견하는 것이 갖는 이론적 · 논리적 · 실천적 한계가 지적되고 있다는 점을 고려할 때, (예컨대 자연법이 현재 자연 과학 및 과학기술 철학의 관점과 양립 가능한지 여부를 판단하는 데에서) 인간 종개념에 대한 이해는 아마도 법담론에서도 핵심적인 쟁점 중 하나가 될 것이다. 이렇듯 정보 기술, 인지과학, 나노 기술, 바이오 공학의 발달로 인해 가속화되고 있는 포스트휴먼 시대에서 과연 인간은 무엇인지, 생명이란 무엇인지, 인간답다는 것이나 인간적인 삶의 의미는 무엇인지, 인간과 로봇 등 비인간과의 사회적 관계는 어떻게 정의될 수 있는지에 대한 철학적 질문들을 끊임없이 제기하고 이에 답해야 하는 시대적 요청에 직면하게 된다(백종현, 2015: 147-149).

인공지능과 마찬가지로 포스트휴먼에 대한 사회적 공

론 역시 포스트휴먼 시대에서 인류가 직면한 존재론적 위협(existential risk)을 지적하고 있다. 하지만 포스트휴먼을 휴머니티와 모더니티에 대한 도전 혹은 위기만이 아니라, 휴머니티의 확장적 재구성을 통해 근대성이 새로운 지평으로 도약할 전기(轉機)를 마련해 주는 계기로 삼을 수도 있을 것이다.

포스트휴먼은 다분히 역사적인 개념이라고 할 수 있다. 근대의 역사는 이질적인 주체들을 수용하면서 체계내적으로 성찰과 교정을 지속해 온 자기 변화의 역사라고 볼 수 있다. 다시 말해, 포스트휴먼 시대의 도래는 합리적 이성에만 바탕을 둔 인간의 우월성 및 인간중심의 기존 체계를 반성하고 무엇이 휴머니티인지를 성찰하는, 인간의 존엄성과 인권의 원천을 어디서 발견해야 하는 것인지 고민하는, 그리고 소외된 주체들에 대한 관점 전환을 가져오는 계기를 마련해 줄 수도 있을 것으로 보인다. 즉 포스트휴먼 담론은 휴머니티 개념과 모더니티 가치의 확장적 재구성 및 재해석을 이끄는 이론적 원동력으로 평가될 수 있으며, 이는 포스트모던 패러다임으로 나아가는 지향점을 분명히 하고 있다.

이러한 역사적 맥락에서 포스트휴먼을 바라볼 때, '포스트'휴머니즘('post'-humanism)'은 '안티'휴머니즘

('anti'-humanism)으로 이해되어서는 안 되며, 오히려 새로운 휴머니즘에 대한 성찰을 가져올 역사적 계기로 해석될 수 있다. 인간 개념과 인간 존엄성 및 인권의 기초를 확립하면서 근대가 태동했던 것과 같이, 인간 경계를 넘어서는 사유를 통해 탈근대적 휴머니즘이라는 새로운 역사적 지평이 시작될 수 있을 것이다. 근대가 중세의 종교적 도그마를 벗어난 인간의 해방적 역사였다면(최진석, 2015: 384), 탈근대의 역사 역시 새로운 해방의 역사로 나아갈 수 있도록 근대적 가치에 대한 끊임없는 재구성과 해체를 요청하는 맥락에서 포스트휴먼을 바라볼 필요가 있는 것이다.

참고문헌

김윤명(2016a). 『인공지능과 리걸 프레임, 10가지 이슈』. 커뮤니케이션북스.

김윤명(2016b). 지능정보사회에 대한 규범적 논의와 법정책적 대응. ≪정보화정책≫, 23권 4호, 24-37쪽.

백종현(2015). 인간 개념의 혼란과 포스트휴머니즘 문제. ≪철학사상≫, 58권, 127-153쪽.

이상돈(2009). 『법학입문』. 법문사.

정채연(2016). 법패러다임 변화의 관점에서 인공지능과 법담론: 법에서 탈근대성의 수용과 발전. ≪법과사회≫, 53호, 109-136쪽.

정채연(2017). 포스트휴먼 법담론: 탈근대적 인간의 법적 수용을 위한 시론적 연구. ≪안암법학≫, 54호, 1-36쪽.
정채연(2018). 지능정보사회에서 지능로봇의 윤리화 과제와 전망: 근대적 윤리담론에 대한 대안적 접근을 중심으로. ≪동북아법연구≫, 12권 1호, 87-121쪽.
최진석(2015). 휴머니즘의 경계를 넘어서: 근대 인간학의 종언과 인간의 새로운 변형. ≪비교문화연구≫, 41집, 381-413쪽.
Nath, R., & Manna, R.(2023). From posthumanism to ethics of artificial intelligence. *AI & Society*, 38, pp.185-196.
von Braun, J., Archer, M. S., Reichberg, G. M., & Sorondo, M. S.(Eds.).(2021). *Robotics, AI, and humanity: science, ethics, and policy*. Springer.
Weng, Y. H., Chen, C. H., & Sun, C. T.(2009). Toward the human-robot co-existence society: on safety intelligence for next generation robots. *International Journal of Social Robotics*, 1(4), pp.267-282.

01
인공지능과 근대적 인간관

인공지능과 지능로봇의 등장은 인간의 자율성에 입각한 합리적이고 이성적인 판단 역량에 권리의 기초를 두었던 근대적 인간관에 새로운 도전이 되고 있다. 인공지능기술은 근대적 인간관과 인간의 자기 이해를 새로이 정립하도록 하며 인간다움(humanity)에 대한 현대적 재구성을 요청한다.

근대적 인간관에 대한 새로운 이해의 정립

민스키는 인공지능개념을 "인간에 의해 행해졌다면 지능을 필요로 했을 일을 수행하는 기계를 만드는 과학"(Minsky, 1968: v)이라고 정의했다. 곧 인공지능은 인간의 뇌 구조 및 지능 체계를 규명하여 기술적으로 구현한 것을 의미한다. 인공지능은 이제 계산 및 기억을 넘어서 학습, 판단, 추론 그리고 창의 및 감성으로까지 역할 및 기능을 확장해 나갈 것으로 기대되고 있다.

이러한 인공지능의 역할 및 기능 확장은 인간의 자율성에 입각한 합리적이고 이성적인 판단 역량에 권리의 기초를 두었던 근대적 인간관에 새로운 도전이 되고 있다. 과학적 합리성, 통계적 확실성 및 수학적 정확성에 바탕을 둔 논리적인 판단에 초점을 맞춘다면, 인공지능이 인간보다도 오히려 고도의 이성적인 판단이 가능하다고 평가할 수 있게 된다. 다시 말해, 기존의 합리적 이성 개념만을 강조하면 더 이상 인간이 인공지능보다 우월한 존재임을 논증할 수 없게 된다.

근대 철학에서 인간 존엄성의 가장 기본적인 이론적 근거는 인간 이성의 자율성에 있다고 할 수 있다(백종현, 2015: 127-128). 곧 '이성적 동물(animal rationale)로서의 인간'은 가장 기초적인 근대의 정신이며, 이러한 인간은 이성적 사고를 통해 '나'로서의 구별된 존재를 인식하는 인격을 가진 자로 정립된다(백종현, 2015: 135). 물론 여전히 엄격한 의미에서 현 단계의 인공지능에 대해 자율성이라는 개념을 사용하는 것은 어려울 수 있다. 예컨대 지능(intelligence)과 자율성(autonomy)은 구별되는 개념이며, 이에 따라 자율주행자동차 역시 어폐가 있는 표현임이 지적되기도 한다. 다만 강인공지능(Strong AI)이 아직 도래하지 않은 약인공지능(Weak AI)의 단계에서도 자율적인 판단을 인정할 가능성이 논의되고 있다. 특히 기계 학습(Machine Learning) 및 딥러닝(Deep Learning)을 통해 학습된 인공지능이 종국적으로 어떠한 판단을 내리게 될지에 대한 결과를 해당 인공지능을 프로그래밍한 공학자 역시 정확히 예측할 수 없다는 점에서, 인공지능이 갖춘 모종의 자율적인 판단 역량을 인정할 수 있게 된다. 나아가 현재 인공지능 담론은 인간과 같은 의식(consciousness)을 가진 휴머노이드(humanoid)로서 '자의식을 가진 기계(Self-Aware Machines; SAM)'로 진화할 가능성까지도 열어 놓고 있다(Scott, 2016).

이렇듯 자율적인 판단이 가능한 인공지능 및 지능로봇의 등장은 자율성을 바탕으로 이성적 판단을 하는 사적 개인으로서 인간 주체를 전제로 하는 전통적인 법이론에 근본적인 변화를 가져오게 된다. 특히 자아(self)를 갖춘 인공지능이 가능할 수 있다면, 근대적 인권 개념의 정수(精髓)인 자율성(autonomy)에 대한 재해석이 불가피하다고 할 수 있다. 나아가 이러한 논의의 지평은 합리적 이성에만 바탕을 둔 '합리적인 인간'의 우월성을 반성하고 새로운 휴머니티, 인간의 존엄성 및 인권의 철학적 원천 및 이론적 근거를 어디에서 발견해야 하는지 성찰하는 계기를 마련해 준다. 즉 인공지능은 근대적 인간관과 인간의 자기 이해를 새로이 정립하도록 하며 인간다움(humanity)에 대한 현대적 재구성을 요청한다(Aberšek, 2025: 179).

칸트 철학에 대한 이론적 재구성

근대성의 철학적 원천은 칸트(Kant)의 실천이성에서 발견할 수 있다. 여기에서 흥미로운 지점은 인공지능 담론이 제기하는 근대성에 대한 철학적 물음이 칸트 철학에 도전만을 가져오는 것이 아니라, 그것의 확장적 재구성을 촉진하는 방향으로도 활발하게 논의되고 있다는 점이다.

주지하듯이, 칸트는 이성 능력의 자유로운 사용을 통해 스스로를 계몽할 수 있는 이성적 존재로의 성장 가능성에서 인간의 권리 주체성 및 존엄성의 기초를 발견했다(이상돈, 2010: 181). 곧 칸트 철학에서 인간이 존엄한 주체로서 승인될 수 있는 근거는 인간이 실천이성을 가진 자율적인 존재라는 점에 있다(양천수, 2016: 7).

이러한 칸트의 도덕철학이 탈인간중심적 인공지능의 개념적 · 이론적 근거가 될 수 있다는 주장이 다양한 맥락에서 제시되고 있다(김형주, 2016; Schönecker & Kim, 2022). 먼저 인간의 이성성 및 자율성에서 인간 존엄성의 근거를 찾는 칸트의 사상은 "현재적으로 이성적이고, 자율적이고, 도덕적인 사람만이 존엄함을 말하는 것이 아니라, 도덕적이고자 애쓰는 사람들 안에 이미 존엄성이 있음을 말하는 것"(백종현, 2015: 139-140)이라는 점에서 인간'종(種; species)' 중심적인 사고를 넘어서 있다는 해석 역시 가능하다고 한다. 즉 인간을 이성적 동물이라기보다는 '이성적일 수 있는 동물'로 이해한 칸트가 다른 종에 비해 인간을 특권적 존재로 인정한 것인지에 대해서는 철학계에서도 상이한 입장이 존재하는 것이다(김수배, 2011: 89). 나아가 칸트의 지성 이해는 지성이 인간의 고유한 속성이라는 신념을 넘어설 수 있는 이론적 가능성을 내포하고 있으며, 따라서 새로운 지능의 출현 가능성을 열어 놓고 있다고 평가하기도 한다(김형주,

2016: 186).

이렇듯 칸트에 대한 새로운 철학적 해석은 그가 인간 존엄성의 근거로 삼았던 실천이성 및 자율성 개념에 집중되어 있으며, 인간 개념의 확장 및 비인간적 존재의 포용을 위한 포스트휴먼 담론의 이론적 근거로 원용되기도 한다. 다시 말해, 칸트 철학은 탈근대적인 포스트휴먼 시대의 이론적 기반이 될 수도 있으며, 이를 통해 인간뿐만 아니라 비인간적 존재로서 타자 역시 목적으로 대우하도록 요청하는 확장적 해석이 가능해지는 것이다. 이렇게 볼 때, 근대성에 대한 해체는 그것의 가장 핵심적인 철학적 원천에서부터 시작되고 있다고 할 수 있겠다. 근대 철학은 인간과 비-인간의 구별 기준을 제시함으로써 인간중심적인 이론 체계를 정립했지만, 오히려 그 기준에 입각한 논증을 통해 인간 외의 존재에게도 인간과 같은 지위를 부여해 줄 수 있는 역설적인 상황이 등장하게 된 것이다. 이러한 상황에서 인간의 본성 자체에서만 인간 존엄성의 근거를 찾으려는 노력은 필연적으로 한계에 봉착하게 된다.

나아가 인간은 인간이기 때문에 존엄하다는 주장은 논리적인 모순을 내재하고 있을 뿐만 아니라 인간 종족중심주의에 빠질 위험성을 내포하고 있다(이원봉,

2013: 241, 245). 탈근대적 권리 주체 및 주체성의 문제를 다루는 포스트휴먼 담론은 이러한 인간중심주의 및 종 차별주의를 넘어서고자 하는 논의의 지평을 마련해준다.

참고문헌

김수배(2011). 아리스토텔레스와 칸트의 인간관, 그리고 포스트휴먼. ≪칸트연구≫, 28집, 71-102쪽.

김형주(2016). '인공지능'과 '인간지능' 개념에 대한 철학적 분석 시도: 맥카시와 칸트의 지능개념을 중심으로. ≪철학탐구≫, 43집, 161-190쪽.

백종현(2015). 인간 개념의 혼란과 포스트휴머니즘 문제. ≪철학사상≫, 58권, 127-153쪽.

양천수(2016). 탈인간중심적 법학의 가능성: 과학기술의 도전에 대한 행정법학의 대응. ≪행정법연구≫, 46호, 1-24쪽.

이상돈(2010). 『기초법학』. 법문사.

이원봉(2013). 생명윤리와 포스트휴머니즘: 포스트휴먼의 존엄성에 관한 논쟁을 중심으로. ≪환경철학≫, 16집, 235-259쪽.

정채연(2016). 법패러다임 변화의 관점에서 인공지능과 법담론. ≪법과사회≫, 53호, 109-136쪽.

한국인공지능법학회(2019). 『인공지능과 법』. 박영사.

Aberšek, B.(2025). *Philosophy of mind, artificial intelligence and existentialism*. Cambridge Scholars Publishing.

Minsky, M.(Ed.)(1968). *Semantic information processing*. MIT Press.

Schönecker, D. & Kim, H.(Eds.)(2022). *Kant and artificial*

intelligence. De Gruyter.
Scott, G.(2016). The new future: the digitalization of our species. 2016 국제법률 심포지엄.

02
인공지능과 심신이원론

근대 사상에서 인간 존엄성의 가장 기본적인 근거는 인간 이성의 자율성에 기초한 이성적 동물로서 인간의 자기 행위에 대한 책임 능력이며, 이는 '정신'에 대한 강조점을 갖고 있다. 그러나 인공지능 시대에서 정신과 신체 사이의 구별, 이를 통한 인간과 비인간 사이의 구별을 희석하는 경향성은 심신이원론을 새로운 관점에서 고찰하도록 한다.

근대적 인간 실체 이해의 해체와 신체성에 대한 재조명

칸트는 이성 능력의 사용을 통해 스스로를 이성적 존재로 계몽할 수 있는 가능성을 인간의 주체성 및 존엄성의 기초로 보았다(이상돈, 2010: 181). 곧 칸트 철학에서 인간이 존엄한 주체로서 승인될 수 있는 이론적 바탕은 인간이 실천이성을 가진 자율적인 존재라는 점에 있다(양천수, 2016: 7). '합리적 이성'은 인간만이 보유하는 고유한 차별적 속성으로서 지적 사유 능력을 전제로 하는 개념이다(신상규, 2007: 329).

이렇듯 근대 사상에서 인간 존엄성의 가장 기본적인 근거는 인간 이성의 자율성에 기초한 이성적 동물로서 인간의 자기 행위에 대한 책임 능력이며, 이는 '정신'에 대한 강조점을 갖고 있다(백종현, 2015: 127-128). 인간을 규정하는 본질적 조건이자 속성으로서 지능 및 정신 활동을 상정하도록 한 이론적 배경에는 데카르트(Descartes)의 심신이원론이 상당한 영향을 끼쳤다(신상규, 2007: 329). 데카르트는 인간이 정신(mens)과 물질(corpus)의 결합으로 이루어진다고 보고, 이때 정신을 인간 존재의 고유한 속성으로 이해하면서 물질에 비해 우위를 차지함을 분명히 확인하고자 했다(신상규, 2007:

330).

이렇듯 근대 철학이 신체보다는 정신에 초점을 맞췄다면, 포스트휴먼과 관련된 담론들에서는 특히 인간의 신체성(몸)에서 인간의 고유성을 발견하려는 추세가 증대되고 있다는 점에 주목해 볼 필요가 있다. 신체성에 덧붙여, 인간의 유한성에서 인간 존엄성의 근거를 주장하는 것 역시 이와 유사한 맥락상에 있다고 볼 수 있다(이원봉, 2013). 다시 말해, 인간 본연의 자연성 및 인간성을 이해하는 데에 인간의 신체, 주어진 몸, 유한성이 이론적으로 재조명되고 있는 경향성이 나타나고 있다. 기존 근대 철학에서 인간의 정신에 비해 크게 주목받지 못했던 인간의 몸, 즉 인간의 유한한 자연적 신체성이 인간을 비인간적 존재와 구별 짓도록 하는 고유한 요소인지 여부에 대한 논의가 최근 촉발되고 있는 것이다. 이는 한편으로 인공지능의 개발로 인해 이성, 합리적인 판단과 같은 정신적 활동만으로 인간의 고유한 속성을 근거 짓기 어려워지면서 인간의 자연적 신체성을 부각하기 위한 측면이 있고, 다른 한편으로 인간과 로봇 등 기계와의 신체적 결합과 인간의 신체적 조건에 대한 생명 공학적 개입으로 인해, 인간의 신체 자체가 더 이상 고정적인 의미를 가질 수 없게 됨에 따라 관심이 집중되는 측면이 있는 것으로 보인다.

근대 철학은 인간이 다른 비인간적 존재와 구별될 수 있는 근거를 정신에서 찾았다면, 포스트휴먼 시대에서는 정신성이 아닌 자연적인 신체성 내지 유기체로서의 인간 존재가 본질적인 구별점으로 재조명되는 현상이 나타나고 있는 것이다(박상현, 2016: 129). 이러한 현상은 생명공학과 생명윤리의 맥락에서도 나타난 바 있으나, 포스트휴먼 담론에서 특히 강화되고 있는 것으로 보인다.

정신과 신체 구분의 모호성

이는 더 나아가 정신과 신체(몸)의 이분법적 접근 자체에 대한 근본적인 물음을 던진다. 데카르트는 정신과 물질이라는 두 종류의 서로 배타적으로 구분되는 실체를 제시하면서, 물질은 공간적인 위치와 크기를 갖는 실체이며, 정신은 사유를 본질적 속성으로 하는 실체인 것으로 상정했다(신상규, 2007: 329-330). 이러한 구분에 따라, 인간은 영혼 및 정신을 가지고 있다는 점에서 기계와 구별되었고(최진석, 2015: 404-405), 이성과 정신은 인간의 고유성을 표명하는 기준이 되어 왔다(김응준, 2015: 340-341).

그러나 이러한 정신(이성)과 신체(몸) 사이의 구별,

이를 통한 인간과 비인간 사이의 구별에 기초한 전통적인 이원론을 비판적으로 검토하고 재평가하려는 시도는 로봇공학뿐만 아니라 인간(뇌) 공학 및 신경 과학에서도 동시에 진행 중이다(Walter, 2024).

인공지능의 등장과 인간의 고유성으로서 '정신(지능)' 개념의 탈락

인간은 이성적 존재라는 점에서 종적 차이, 사회적 지위 및 역할의 차이를 정당화해 왔다. 그러나 인공지능의 등장은 인간의 이성이 인간만의 전유물인지 여부에 대한 진지한 물음을 제기한다. '정신 작용'은 인간을 규정하는 본질적 속성 중의 하나로 인간의 우월성을 확립하는 이론적 기초가 되어 왔지만, 인공지능이 등장하면서 정신성 및 이성성에만 근거하는 인간 존엄성의 토대가 유지되기 어렵게 된 것이다(신상규, 2007: 350). 인간의 뇌 구조 및 지능 체계를 규명하여 기술적으로 구현한 인공지능은 계산 및 기억을 넘어서, 학습, 판단, 추론 그리고 창의 및 감성으로까지 역할 및 기능을 확장해 나가고 있으며, 과학적 합리성, 통계적 확실성 및 수학적 정확성을 기준으로 판단한다면 인공지능의 판단이 인간보다도 고도로 합리적이고 이성적일 수 있다는 평가까지도 이루어질 수 있다. 인간의 정신과 인공지능 간의 존재론적 관계를 고찰하고 인공지능의 작동 구조를 분석해 볼 때, 데카르트가 인간만의 고유한 특성이라고 보았던 사고 활동(thinking activity)을 인공지능 역시 하고 있다는 결론에 도달할 수도 있다는 것이다(Izeji, 2024). 이렇듯 인간으로서의 지위를 정당화하는 이론적 토대가 되어 왔던 합리적인 판단 능력에 대한 의문을 진지하게 제기한다는 점에서, 인공지능은 인간중심적인 이론적 정당화에 중대한 도전이 되고 있다.

자유의지에 대한 뇌 과학적 해부와 유물론적 '정신'

인간의 정신에 대한 과학적 탐구는 뇌 과학의 성장을 통해 보다 본격적으로 이루어지고 있다. 이를 통해 인간의 마음 내지 정신이 몸의 한 부분인 두뇌의 생리적 활동임이 과학적으로 증명되고 있고(백종현, 2015: 143), 인간의 정신 현상을 시각적으로 드러내면서 신경 프로세스를 해명하는 뇌 과학적 연구 결과는 인간의 독립적인 자유의지의 존재 여부에 대한 회의적인 관점을 내포하기도 한다(김동현, 2010: 269). 인간의 자유의지가 본능 및 감성, 그리고 정신을 담고 있는 몸과 환경의 영향으로부터 자유롭지 않다는 관점을 바탕으로 하는, 자유의지의 존부에 대한 뇌 과학적 증명은 인간의 이성에 기초한 합리적인 판단이라는 관념 자체가 존립할 수 있는지에 대해 의문을 제기한다. 다시 말해, 인간의 '마음' 내지 '정신'이 몸 또는 신체의 한 부분인 두뇌의 생리적 활동에 불과하다는 전제, 즉 "정신에 대한 유물론적 이해"에 기반하여(백종현, 2015), 두뇌를 통한 정신 작용을 탐구하는 뇌 과학은 인간이 자유의지를 가진 자율적인 존재라는 기초적인 명제 역시 도전을 받도록 한다(양천수, 2016: 14).

인간의 신체적 기계화, 로봇의 신체적 인간화

이렇듯 포스트휴먼 시대에는 비인간적 존재와 구별되는 인간의 고유한 속성으로서 기존의 정신개념이 온전히 유지되기 어렵다. 이를 '신체성'으로 대체한다고 해도 혼종성의 문제는 해소되지 않는다. 로봇공학은 인간의 모습을 닮은 휴머노이드 로봇이 인간의 신체적 특질을 포함해 표정, 몸짓 등 행동 양식까지 의인화할 수 있는 방안을 오랜 기간 연구해 왔다. 특히 지능로봇은 지각 및 판단 행위를 하는 점뿐만 아니라 인간과 유사한 신체적 조건을 갖고 있다는 점에서도, 권리 주체로 승인될 수 있는 가능성을 가진다는 점을 언급해 둘 필요가 있다. 로봇이 인간을 닮으려는 노력만큼 인간이 신체적으로 기계화되는 추세 역시 촉진될 전망이다. 포스트휴먼 시대에서 몸은 과학기술에 의한 조작과 수많은 보철들과의 물리적 결합으로 더 이상 확정적이고 분명한 경계를 유지할 수 없게 된다(박상현 · 김재웅, 2015: 369). 즉 인간과 기계가 물리적으로 결합한 사이보그(cyborg) 등 기계적 인간(Homo Mechanicus)과 같은 존재는 자연/인공, 마음/육체 등의 근대적 구분 및 구획을 더욱더 모호하게 만든다(박상현 · 김재웅, 2015: 367). 생명 공학의 발전으로 인해 생명윤리 및 생명 공학 법에서 촉발된 쟁점이기도 했던 자연성과 인위성 사이의 구별 문제는 인간의 사이보그화라는 맥락에서도 마찬가지로 논의될 수 있다. 이와 유사한 맥락에서 인간을 통해 만들어진 인공지능 역시 자연적인 것을 바탕으로 창출된 것이라는 점에서 본질적으로 자연적인 것과 인공적인 것은 구별되지 않는다고 주장될 수 있다(백종현, 2015: 147). 나아가 두뇌의 정신을 온라인상에 연결하여 가상공간의 삶을 향유할 수 있도록 하는 기술적 발전은 심신이원론에 바탕을 둔 인간과 기계의 구별을 근본적으로 무력하게 만든다(이상욱, 2009: 52).

참고문헌

김동현(2010). 인지과학적 관점에서 바라본 자유의지와 형사책임론의 문제. ≪서울대학교 법학≫, 51권 4호, 269-315쪽.

김응준(2015). 포스트휴먼 유토피아?: 공진화와 탈진화 사이의 포스트휴먼 인류. ≪인문과학≫, 58집, 337-363쪽.

박상현(2016). 인공지능을 소재로 한 영화의 갈등의 특징: 영화 〈트랜센던스〉, 〈그녀〉, 〈엑스 마키나〉를 중심으로. ≪커뮤니케이션디자인학연구≫, 54호, 123-133쪽.

박상현·김재웅(2015). 영화 그녀〈Her〉에 나타난 포스트휴먼과 철학적 이슈. ≪디지털디자인학연구≫, 15권 3호, 365-374쪽.

백종현(2015). 인간 개념의 혼란과 포스트휴머니즘 문제. ≪철학사상≫, 58권, 127-153쪽.

신상규(2007). 우리만 과연 인간일까?: 정신, 로봇, 그리고 인간. 『인간 본성에 관한 철학 이야기』, 327-354쪽, 아카넷.

양천수(2016). 탈인간중심적 법학의 가능성: 과학기술의 도전에 대한 행정법학의 대응. ≪행정법연구≫, 46호, 1-24쪽.

이상돈(2010). 『기초법학』. 법문사.

이상욱(2009). 인공지능의 한계와 일반화된 지능의 가능성: 포스트 휴머니즘적 맥락. ≪과학철학≫, 12권 1호, 49-69쪽.

이원봉(2013). 생명윤리와 포스트휴머니즘: 포스트휴먼의 존엄성에 관한 논쟁을 중심으로. ≪환경철학≫, 16집, 235-259쪽.

정채연(2016). 법패러다임 변화의 관점에서 인공지능과 법담론: 법에서 탈근대성의 수용과 발전. ≪법과사회≫, 53호, 109-136쪽.

정채연(2017). 포스트휴먼 법담론: 탈근대적 인간의 법적 수용을 위한 시론적 연구. ≪안암법학≫, 54호, 1-36쪽.

최진석(2015). 휴머니즘의 경계를 넘어서: 근대 인간학의 종언과 인간의 새로운 변형. ≪비교문화연구≫, 41집, 381-413쪽.
한국인공지능법학회(2019). 『인공지능과 법』. 2019.
Izeji, E. I.(2024). Examining ontological relations of Descartes thinking mind and artificial intelligence. *ESTAGA: Journal of Philosophy and Arts*, 1(1), pp.1-21.
Walter, Y.(2024). Artificial intelligence's novel "mind-reading" capabilities through neuroscience: a challenge for mind–body dualism?. *Journal of Artificial Intelligence and Consciousness,* 11(1), pp.51-87.

03
인공지능과 포스트휴머니즘

인공지능을 둘러싼 담론은 지능정보사회에서 인간중심주의를 넘어서는 가치 및 현상을 어떻게 법적으로 수용할 것인지를 주된 쟁점으로 다루고 있다는 점에서 포스트휴먼 담론과 접점을 이룬다. 포스트휴먼의 출현은 인간의 개념적 스펙트럼이 인간의 속성을 가진 모든 존재로 확장되도록 이끌면서 근대적 의미의 인간학 및 휴머니즘에 대한 대안적 분석을 요청한다.

포스트휴먼 법담론의 몇 가지 지층

종래 법적 주체 및 주체성에 대한 논의는 생물학적 인간인 호모 사피엔스를 전제로 이루어져 왔다(고인석, 2012: 9). 그러나 포스트휴먼은 이러한 인간종 개념을 다양한 층위에서 해체하면서 포스트휴먼 시대에 적합한 휴먼 개념, 즉 새로운 인간 이해의 정립을 요청하기 시작한다. 포스트휴먼 시대의 탈근대적인 법적 주체 및 주체성은 몇 가지 지층을 이루고 있다. 이러한 지층은 첫째, 인간에 대한 기계적 · 화학적 · 생물학적 작용을 통해 인간의 능력 향상을 추구하는 인간 향상 및 트랜스휴먼, 둘째, 인간과 기계의 결합, 가상현실 아바타 등 다양한 방식(mode)으로 현존하는 인간, 그리고 셋째, 지능로봇 등 인간으로부터 독립적으로 분리된 새로운 주체의 출현이라는 세 가지 측면에서 살펴볼 수 있다. 즉 포스트휴먼의 법적 수용은 인간 이외의 존재에게 주체로서의 지위를 승인하거나 인간이 현실 세계에서 존재할 수 있는 방식이 다양화되는 '다-모드적 주체성(multi-modal subjectivities)'을 승인하는 형태로 이루어질 수 있다.

이 장에서는 인간 개념이 확장적으로 재정의되는 것과 관련되는 첫째와 둘째 지층을 다룬다.

인간 향상과 트랜스휴먼

트랜스휴머니즘(transhumanism)은 첨단 과학기술을 통해 인간의 능력 향상을 추구하는 사상으로 노화, 질병, 죽음 등 인간의 유한성과 같은 인간의 조건(human condition)을 극복하여 육체적 · 정신적 능력을 강화함으로써 새로운 인간종인 포스트휴먼에 이르는 것을 목표로 삼는다(이원봉, 2013: 237-238). 여기에서 인간 향상(human enhancement)이란 과학기술적 수단을 사용하여 인간의 신체적 · 인지적 · 감정적 능력의 개선 및 강화, 건강 수명의 연장 등을 시도하는 것을 의미한다(신상규, 2015: 106). 곧 인간 향상이란 인간의 특질 및 역량을 과학기술적 방법을 통해 발전시키고자 하는 시도이며, 이러한 시도를 추동하는 이념을 트랜스휴머니즘이라고 지칭할 수 있겠다(김건우, 2015: 130). 트랜스휴먼은 인간에서 포스트휴먼으로 이행하는 중간적 단계 및 과도기적 과정으로 이해되기도 하며(이상헌, 2011: 128), 이러한 여정에서 트랜스휴머니즘과 포스트휴머니즘 양자는 중첩되어 있다(이원봉, 2013: 238).

트랜스휴머니스트들은 포스트휴먼으로 이행해 나아가는 인간 향상 기술의 발전을 긍정하면서, 인간의 사이보그화로 정의되는 인간종의 진화 및 포스트휴먼화를 합리적이고 자율적인 주체로서의 인간이 자신의 역량을 확장해 나가는 근대적 계몽의 맥락에서 이해한다(김재희, 2014: 388). 예컨대 보스트롬은 연속적인 개념으로서 휴먼, 트랜스휴먼, 그리고 포스트휴먼이 근대 이후의 세속적 휴머니즘과 계몽주의로부터 발전되어 나온 것이라고 이해하면서, 인간 능력 향상을 추구하는 트랜스휴머니즘이 과학을 통해 자연의 제약으로부터 해방을 추구했던 근대의 휴머니즘 및 계몽주의 철학의 연속선상에 있다고 주장한다(Bostrom, 2005). 즉 트랜스휴머니즘은 전통적인 의미의 휴머니즘과 동일선상에 있으며, 사적 개인의 가치 및 선택을 존중하고 인간 존재의 잠재성에 초점을 맞추는 이론 및 철학이라는 것이다. 나아가 인간을 가치 있게 만드는 것은 지금 현재의 모습이나 생물학적 상태가 아니라, 우리의 열망이나 이상, 하고자 원하는 경험이자 살고자 하는 삶의 종류라고 역설한다(신상규, 2012).

이렇듯 트랜스휴먼 논의에서 특히 흥미로운 점 중 하나는 근대 철학의 핵심적 사상이 인간 향상을 비롯한 트랜스휴먼으로의 진화를 설득적으로 논증하기 위한 이론적 뒷받침으로서 제시되고 있다는 점이다. 대표적으로 칸트의 도덕철학은 인간 능력의 향상에 부정적이라기보다는, 인간성의 완성이라는 맥락에서 도덕적으로 허용 내지 장려할 수 있는 가능성을 열어 두고 있다는 해석이 시도되기도 한다(Chance, 2021: 802). 예컨대 칸트 철학에 바탕을 두면서도 (일정한 허용 조건이 설정된다면) "인간 능력향상을 통해 인간성의 자기 완성을 추구하는 것은 도덕적으로 허용된다"와 "인간 능력향상을 통해 타인의 행복에 기여하는 것은 도덕적으로 허용된다"라는 명제의 도출이 가능하다고 한다(이상헌, 2011). 칸트 철학에서는 스스로 행위 준칙을 수립하고 이를 보편적 법칙으로서 준수하는 인간의 의지와 자율성이야 말로 가장 근본적인 인간 존엄성의 근거가 된다(백종현, 2015: 139). 트랜스휴머니스트들은 인간의 사명, 즉 본성적 소질의 완전한 계발은 "이미 이성의 사실로 주어져 있는 도덕법칙의 명령을 실천하는 데에서 성립"한다는 칸트의 인간학적 관점을 유지하면서도 포스트휴먼을 충분히 인정할 수 있다고 한다(김수배, 2011: 71, 88). 다시 말해, 인간 존엄성의 이론적 근거로서 인간의 이성성 및 자율성에 주목하는 칸트의 사상은 "현재적으로 이성적이고, 자율적이고, 도덕적인 사람만이 존엄함을 말하는 것이 아니라, 도덕적이고자 애쓰는 사람들 안에 이미 존엄성이 있음을 말하는 것"(백종현, 2015: 139-140)이라는 점에서 인간'종' 중심적인 사유를 이미 넘어서고 있다는 것이다. 칸트 철학은 인간이 본성의 구속을 벗어나 스스로를 자유롭게 규정할 것을 정당화하며(김수배, 2011: 73), 이렇듯 자기 본성의 극복을 주창한 칸트는 인간이 자신의 진화 과정 속에서 영구적인 지위를 보장받을 수 없다는 진화론적 입장에 서 있는 것으로 이해될 수 있다는 것이다(김수배, 2011: 96). 즉 칸트는 인간을 '이성적일 수 있는 동물'로 이해하고 있으며(김수배, 2011: 89), 이러한 그가 인간을 다른 종에 비해 우월적 존재로 승인한 것인지에 대해서는 오늘날 특히 과학철학과 관련을 맺으면서 새로운 이론적 논쟁의 대상이 되고 있다. 이렇게 볼 때, 트랜스휴먼의 맥락에서 칸트 철학은 도전에 직면한다기보다는 오히려 이론적으로 확장적 재구성을 꾀하는 전환점을 맞이한다고 볼 수 있다. 포스트휴먼 시대에서 근대성에 대한 해체는 그것의 가장 핵심적인 철학적 원천에서부터 시작되고 있는 것이다.

인간의 새로운 현존 방식

나아가 포스트휴먼은 인간이라는 실체가 현실 세계에서 존재할 수 있는 방식이 다변화되고 있는 양상에서도 논해질 수 있다. 먼저 포스트휴먼 시대에서 인간의 현존 방식은 인간 외 존재와의 신체적 결합을 통해서도 이루어질 수 있다. 예컨대 인간과 기계와의 신체적 결합과 같이 인간이 다양한 양태로 현존할 수 있도록 하는 과학기술의 발전은 '생물학적 인간'에 대한 새로운 이해를 요청한다(최성원 · 서용석, 2016: 21). 즉 인공적 장치가 인간 신체의 일부에 물리적으로 삽입되어 양자를 더 이상 구별하기 어려울 정도로 결합되었을 경우, 기계 및 기술과 융합된 인간으로서 사이보그는 인간과 기계의 경계를 해체한다(마정미, 2008). 이는 인간 신체와 다양한 기계 보철(prosthesis)과의 결합이 이루어지고 있는 현재 시점에서도 부분적으로 이루어지고 있다(Shildrick, 2022).

또한 인간이 자신의 행위 주체성을 발현할 수 있는 새로운 방식으로서 현 시점에서도 상용화를 앞두고 있는 원격 매개 로봇(telepresence robot)을 다-모드적 주체성의 한 유형으로 제시해 볼 수 있다. 원격 매개 로봇이란 시청각 커뮤니케이션과 물리적 운동 기능이 합쳐진 새로운 멀티미디어로서, 원격지에서 인간의 통제 및 제어에 의해 행위함으로써, 조종자의 사회적 존재감과 물리적 운동 기능을 동시에 전달하는 역할을 하는, 자연인과 기존 통신 미디어 중간에 위치하는 플랫폼이다(Bae, 2015). 이러한 원격 매개 로봇을 이해하기 위한 개념으로, 매체(medium)에서 인간(person)에 이르는 스펙트럼 사이에 위치하는 '매개인(mediated person)'이 제안되고 있기도 하다. 이러한 매개인 개념은 '모든 미디어는 인간의 연장(the extensions of man)'이라고 선언한 매클루언(McLuhan)의 『미디어의 이해(Understanding Media)』(1964)에 기초하고 있다고 한다(배일한, 2015). 이러한 원격 매개 로봇은 물리적으로 한정된 주체의 신체를 넘어선다는 점과 주체의 인격성(personality)이 투영되어 부분적으로 인격적인 대우가 요청된다는 점을 고려할 때, 포스트휴먼 시대에서 주체의 확장 및 연장(extension)이라는 전반적인 패러다임의 연속선상에서 논의될 수 있다. 특히 주체의 인격이 체화된(embodied) 존재로서 매개 로봇을 이해할 때, 제한된 범위 내에서 인격적인 대우를 해야 할 필요성이 논의되고 있다.

나아가 인간이 현존하기 위한 조건으로서 인간의 몸을 더 이상 필요치 않도록 하는 기술 개발 역시 시도되고 있다. 인간의 뇌와 컴퓨터의 결합을 의미하는 두뇌-컴퓨터 인터페이스(Brain-Computer Interfaces; BCI) 분야가 가장 대표적이라고 할 수 있으며, 새로운 현실 공간으로서 가상현실(Virtual Reality; VR)에 존재하는 가상현실 아바타(Virtual Reality Avatar) 역시 더 이상 인간의 신체를 필요로 하지 않는 '디지털 탈신체화'를 가져온다(김재희, 2014: 387).

원격 매개 로봇이건 가상현실 아바타이건 모종의 '아바타'로서 현존재는 지금 여기에 있는 생물학적 존재로서의 '나'와 네트워크의 접점 어딘가에 위치하는 확장적 존재로서의 '나'를 동시적으로 인식하도록 만든다(배일한, 2015). 결국 포스트휴먼 관점에서 비물질적 주체와 물질적 세계는 더 이상 날카롭게 구별되지 않으며, 이에 따라 기계를 비롯한 과학기술적 생명체와 인간의 경계는 유지될 수 없게 된다(김응준, 2015: 357).

참고문헌

고인석(2012). 로봇이 책임과 권한의 주체일 수 있는가. ≪철학논총≫, 67권, 3-21쪽.

김건우(2015). 인간 향상의 철학적 인간학. ≪과학철학≫, 18권 3호, 129-149쪽.

김수배(2011). 아리스토텔레스와 칸트의 인간관, 그리고 포스트휴먼. ≪칸트연구≫, 28집, 71-102쪽.

김응준(2015). 포스트휴먼 유토피아?: 공진화와 탈진화 사이의 포스트휴먼 인류. ≪인문과학≫, 58집, 337-363쪽.

김재희(2014). 포스트휴먼 사회를 사유하기 위한 하나의 청사진: 질베르 시몽동의 기술-정치학. ≪범한철학≫, 72권, 387-414쪽.

마정미(2008). 포스트휴먼과 탈근대적 주체에 관한 연구.

≪인문콘텐츠≫, 13권, 193-212쪽.
배일한(2015.7.16.). 원격로봇에 헌법상 기본권을 허하라. ≪블로터앤미디어≫, https://www.bloter.net/news/articleView.html?idxno=21419
백종현(2015). 인간 개념의 혼란과 포스트휴머니즘 문제. ≪철학사상≫, 58권, 127-153쪽.
신상규(2015). 인간 향상과 하버마스의 자율성 논증. ≪과학철학≫, 18권 3호, 105-127쪽.
신상규(2012). 트랜스휴머니즘, 세상에서 가장 위험한 생각?. ≪철학논집≫, 29집, 189-217쪽.
이상헌(2011). 칸트 도덕철학의 관점에서 바라본 포스트휴먼. ≪서강인문논총≫, 32집, 125-155쪽.
이원봉(2013). 생명윤리와 포스트휴머니즘: 포스트휴먼의 존엄성에 관한 논쟁을 중심으로. ≪환경철학≫, 16집, 235-259쪽.
정채연(2016). 법패러다임 변화의 관점에서 인공지능과 법담론: 법에서 탈근대성의 수용과 발전. ≪법과사회≫, 53호, 109-136쪽.
정채연(2017). 포스트휴먼 법담론: 탈근대적 인간의 법적 수용을 위한 시론적 연구. ≪안암법학≫, 54호, 1-36쪽.
최성원·서용석(2016). 인공지능과 로봇의 사회적 파급효과에 따른 미래 한국 시나리오. 제1회 미래학회 학술대회.
한국인공지능법학회(2019). 『인공지능과 법』. 박영사.
Bae, I. H.(2015). The politics of robotic telepresence: can media be considered a person? With a focus on a South Korean case. Doctoral Dissertation, University of Hawaii at Manoa.
Bostrom, N.(2005). In defense of posthuman dignity. *Bioethics*, 19(3), pp.202-214.
Chance, B. A.(2021). Kant and the enhancement debate:

imperfect duties and perfecting ourselves. *Bioethics*, 35(8), pp.801-811.

Shildrick, M.(2022). *Visceral prostheses: somatechnics and posthuman embodiment*. Bloomsbury Academic.

04
인공지능과 비인간의 주체성

현 단계에서의 인공지능이 온전히 자율성을 확보하고 있다고 볼 수는 없지만, '위임된 권한 및 자율성'이라는 제한적인 범위 내에서 인공지능 시스템의 행위 주체성을 인정할 가능성이 열린다. 자율성과 행위 주체성 개념을 재해석할 때, '주체(subject)로서 인간'과 '대상(object) 및 수단으로서 기계'가 현상적으로는 날카롭게 구별되기 어렵다.

새로운 인격적 주체의 등장과 지능로봇의 주체적 지위

탈인간중심적 사상은 인간중심적인 주체 개념에서 인간 외적인 주체 개념으로 확장되어 나아가고 있다는 점에 그 핵심이 있다(양천수, 2016: 9). 특히 인공지능이 체화되어(embodied) 자율적인 판단 역량을 갖춘 지능로봇(intelligent robot)이 등장하면서, 새로운 권리 주체로서 지능로봇의 법인격과 권리 담론이 성장해 왔다. 인공지능이나 지능로봇에게 '전자인(electronic person)'으로서 법적 주체의 지위를 인정할지에 대한 논의는 자연인에 한정되어 있었던 법인격이 법인으로 확장되어 온 역사의 궤도에 있다고도 평가할 수 있다(Suman, 2024).

지능로봇의 주체적 지위에 관한 논의는 한 가지 분야에만 특화된 특화 인공지능 혹은 좁은 인공지능(narrow AI)이 아닌, 다분야에 대한 지식을 지니고 인간과 같이 정보를 융합하여 판단할 수 있는 인공일반지능(Artificial General Intelligence; AGI)의 개발이 본격적으로 이루어지면서 보다 강화되고 있는 측면이 있다(박영숙 · 벤 고르첼, 2016: 21). 일반지능이란 인간의 지능과 같이 "특정한 목적이나 기능에 제한되지 않고 다양한 문제 상황에 적절하게 적응하면서 주어진 문제를 해결할 수 있는 범용 지능"(고인석, 2012b: 189)을 의미한다. 즉 인공일반지능은 특정 분야에 한정되지 않은 폭넓은 지능으로서 광범위한 관점을 통해 학습한 것들을 일반화하는 능력을 바탕으로, 한 영역에서 습득한 지식을 다른 영역에 응용할 수 있어야 하며 새로운 쟁점에 대한 직관적 이해 역시 갖고 있어야 한다(박영숙 · 벤 고르첼, 2016: 226-227).

이렇듯 미래 연구(future studies)를 중심으로 이루어지고 있는 인공지능 담론은 인간과 같은 의식(consciousness)을 가진 휴머노이드(humanoid)로서 '자의식을 가진 기계(Self-Aware Machines; SAM)'로 진화할 가능성까지도 열어 놓고 있지만, 현재의 약인공지능(weak AI) 단계에서도 지능로봇은 자신의 고유한 결정과 실행이 이루어지는 과정에서 인간 주체에 의한 직접적인 통제를 받지 않으며, 감각을 통해 수집된 외부 자료를 종합하여 스스로 판단을 내린다는 점에서 독립적 존재로서의 지위를 인정할 기반이 마련될 수도 있다.

자율성과 행위 주체성

인공적 지능 개체의 주체적 지위를 논하는 데에서 가장 중요한 개념은 바로 자율성(autonomy)이다. 로봇의 자율적인 판단 및 행동은 알고리즘과 그에 바탕을 둔 일련의 학습 과정에 의해 이루어진다는 점에서 인간의 그것과 구별될 수 있다(고인석, 2011: 114). 지능로봇의 알고리즘에 따라 이루어진 '자동화된 결정(automated decision)'은 적어도 현상적인 측면에서 자율적인 것으로 인식할 수 있도록 한다(이중기, 2016: 4). 이에 대해 인공지능 단계에서 이루어지는 자율적인 판단이란 사실상 알고리즘에 따라 도출된 자동화된 판단이라는 점에서 진정한 의미의 자율성을 갖고 있다고 볼 수 없으며, 따라서 현재 기술 수준에서 구현될 수 있는 자율성의 정도를 인간의 자의식 및 자유의지와 동일하게 이해하여 윤리적 판단의 주체성을 적극적으로 인정하는 것에 대해 회의적인 시각이 발견되기도 한다. 반면 자율성에 대한 개념적 완고함을 넘어서 지능로봇에 적합한 형태로 이를 느슨하게 재정의하려는 시도들도 눈에 띈다(Thimm et al., 2024). 곧 자율성을 인간의 직접적 개입 없이 기계의 자체적인 알고리즘에 따라 의사 결정이 이루어지는 것을 지칭하는 개념으로 사용하고자 하는 논의의 추이가 확인되는 것이다. 비체계적인 환경에서도 인간의 지속적인 지도 및 보조 없이 임무를 수행할 수 있도록 설계된 지능로봇의 속성을 지칭할 때 자율성 개념이 활용되고 있다(Stahl

& Coeckelbergh, 2016: 153). 예컨대 자율성을 "인간의 직접적 제어가 없이도 외부 자극에 대해 반응 혹은 반응으로서의 행위를 할 수 있"음으로 정의하기도 한다(김건우, 2017: 12-13). 그 외에도 "기계가 인간의 직접적인 개입 없이 스스로 어떤 결정을 할지 선택하고, 그 결정을 실행할 수 있는 능력"(박종보 · 김휘홍, 2017: 41), "상당 시간 동안 외부의 통제 없이 실제 환경에서 작동할 수 있는 체계"(Bekey, 2005: 1), "외부의 통제 없이 목표를 달성하기 위한 의도를 가지고 환경을 인식하고 계획하며 행동할 수 있는 정도"(Beer & Fisk & Rogers, 2014: 77) 등과 같은 자율성 개념 정의는 이러한 추이를 잘 보여 준다고 할 수 있다.

또한 인간의 자율성 개념과 구별되는 지능로봇에 적합한 대안적 개념이 제시되기도 한다. 이 역시 인간과 유사한 수준의 자의식 및 자유의지를 상정하지 않고서도 자율적인 주체성을 논할 수 있도록 하기 위한 이론적 시도라고 볼 수 있다. 다시 말해, 모종의 자율적인 행위 능력을 갖춘 자율기술 시스템의 독립적인 주체적 지위를 인정하는 데에 반드시 인간 수준에 도달한 인공지능의 출현이 전제되는 것은 아니라는 입장이 설득력 있게 제안되고 있다(신상규, 2016: 284).

이때 특히 현상적 측면을 강조하면서, 로봇이 진정한 의미에서의 자율적 존재가 아님에도 자율적 주체처럼 작동하는 외견을 갖고 있다는 점(고인석, 2014: 420)에 입각해서도 일련의 주체적 지위가 규범적으로 논해질 수 있다는 주장 역시 존재한다. 고인석은 로봇이 철학적 의미의 진정한 주체성을 갖지 못한다고 할지라도, 그것이 주체적인 역할을 수행하는 '현상적 차원'에서의 행위가 일상적으로 전개될 것이며, 이로 인해 인간은 인공적 시스템에 생활 세계의 판단 및 선택의 일부를 위임하거나 의존하게 될 것이라고 예측한다(고인석, 2011: 116). 이에 따라 그는 일종의 '위임된 권한'이라는 제한적인 범위 내에서 로봇 시스템의 자율적 주체 권한을 인정할 수 있다고 한다(고인석, 2012a: 17-18). 즉 로봇은 제한된 수준의 자율성을 구현할 수 있다는 점에서 여느 인공물과 다른 고유한 지위를 가지며, 특히 인간과 개인적 · 사회적 차원에서 상호작용하는 존재자로서의 특성을 갖는다(고인석, 2012b: 171). 로봇의 행위에 대한 법적 · 윤리적 평가에서 자율성 보유 여부 자체에 대한 논의로 깊이 들어가기보다는 로봇의 '현상적 자율성', 즉 "로봇이 현상적 차원에서 자율적 주체인 것처럼 행동할 수 있다"라는 데에 방점을 두고 로봇에 대한 윤리적 검토가 이루어지고 있다(고인석, 2011: 114). 이렇듯 현상적 차원에서 자율적인 주체로서 행동할 수 있다는 점에 착안하여 '위임된 자율성'(변순용 · 송선영, 2015: 20), 준자율적(semi-autonomous) 내지 유사자율적(quasi-autonomous)인 존재로서 로봇의 지위가 주장되기도 한다(변순용 · 송선영, 2013: 19).

이와 같은 지능로봇의 주체적 기능 및 행위의 능동성을 설명하는 개념으로 '행위 주체성(agency)'이 있다(Gunkel, 2012: 18). 행위 주체성 개념의 도입은 인공지능 및 지능로봇의 주체적 지위에 대한 논쟁으로부터 한 걸음 물러서서 현상에 대한 적극적인 규율을 가하기 위한 규범적 시도라고 볼 수 있다. 행위 주체성 개념은 "더 이상 인간의 직접적 조작에 의해 작동하거나 지속적인 개입을 필요로 하는 수동적 존재가 아니며, 일종의 직권위임에 의해 스스로의 자율적 판단을 통하여 작동하는 능동적 행위자"(신상규, 2016: 271)를 의미한다. 로봇윤리담론에서 행위 주체성 개념은 역량(capability)을 전제로 하는 개념이라고 할 수 있다. 히마는 행위 주체성이 행위(act or action)로서 여겨질 수 있는 무엇인가를 할 수 있는 상태(being capable of doing something)에 대한 관념이며, 이에 따라 개념적으로 해당 행위를 수행할 수 있는 역량을 갖추었을 때에만 행위자로서 인정될 수 있다고 말한다(Himma, 2009: 19-20). 이렇듯 행위자 내지 작인(agent)으로서 로봇의 지위(고인석, 2012a: 8)는 사고 역량이 아닌 행위 역량에 바탕을 둔다는 점에서 소위 강인공지능/약인공지능의 구별 기준에 대한 논쟁으로부터도 자유롭게 된다.

이렇게 자율성과 행위 주체성을 재해석할 때, '주체(subject)로서 인간'과 '대상(object) 및 수단으로서 기계'가 현상적으로는 날카롭게 구별되기 어렵다. 곧 주체와 대상이 혼종된 형태의 행위와 판단이 이루어짐에 따라 근대 체계에 터 잡은 주체/대상 이분법(subject-object dichotomy)이 온전히 유지될 수 없게 되는 것이다.

지능로봇의 주체적 지위에 대한 논의는 로봇윤리의 분야에서도 두드러진다. 이는 인공지능 로봇에게 윤리적 · 도덕적 판단자로서의 지위를 부여할 수 있는지에 대한 문제를 다룬다(이재현, 2016: 22). 대표적인 개념으로서 인공적 도덕 행위자(Artificial Moral Agent; AMA)에 대한 논의는 인공지능 및 로봇에 대한 윤리적 프로그래밍 혹은 법 제도적 규제 체계를 통해 적절한 규범적 울타리를 제공하고자 한다(이원태, 2015: 1).

참고문헌

고인석(2011). 아시모프의 로봇 3법칙 다시 보기: 윤리적인 로봇 만들기. ≪철학연구≫, 93집, 97-120쪽.

고인석(2012a). 로봇이 책임과 권한의 주체일 수 있는가. ≪철학논총≫, 67권, 3-21쪽.

고인석(2012b). 체계적인 로봇윤리의 정립을 위한 로봇 존재론, 특히 로봇의 분류에 관하여. ≪철학논총≫, 70집, 171-195쪽.

고인석(2014). 로봇윤리의 기본 원칙: 로봇 존재론으로부터. ≪범한철학≫, 75권, 401-426쪽.

김건우(2017). 로봇윤리 vs. 로봇법학: 따로 또 같이. ≪법철학연구≫, 20권 2호, 7-44쪽.

박영숙·벤 고르첼(2016). 『인공지능 혁명 2030: 제4차 산업혁명과 정치혁명의 부상』, 더블북.

박종보·김휘홍(2017). 인공지능기술의 발전과 법적 대응방향. ≪법학논총≫, 34권 2호, 37-62쪽.

변순용·송선영(2015), 『로봇윤리란 무엇인가?』, 어문학사.

변순용·송선영(2013). 로봇윤리의 이론적 기초를 위한 근본 과제 연구. ≪윤리연구≫, 88권, 1-26쪽.

신상규(2016). 자율기술과 플로리디의 정보 윤리. ≪철학논집≫, 45권, 269-296쪽.

양천수(2016). 탈인간중심적 법학의 가능성: 과학기술의 도전에 대한 행정법학의 대응. ≪행정법연구≫, 46호, 1-24쪽.

이원태(2015). 인공지능의 규범이슈와 정책적 시사점. ≪KISDI Premium Report≫, 2015-07, 1-30쪽.

이재현(2016). 인공지능에 관한 비판적 스케치. ≪마르크스주의 연구≫, 13권 3호, 12-43쪽.

이중기(2016). 인공지능을 가진 로봇의 법적 취급: 자율주행자동차 사고의 법적 인식과 책임을 중심으로. ≪홍익법학≫, 17권 3호,

1-27쪽.
정채연(2016). 법패러다임 변화의 관점에서 인공지능과 법담론. ≪법과사회≫, 53호, 109-136쪽.
정채연(2017). 포스트휴먼 법담론: 탈근대적 인간의 법적 수용을 위한 시론적 연구. ≪안암법학≫, 제54호, 1-36쪽.
정채연(2018). 지능정보사회에서 지능로봇의 윤리화 과제와 전망: 근대적 윤리담론에 대한 대안적 접근을 중심으로. ≪동북아법연구≫, 12권 1호, 87-121쪽.
한국인공지능법학회(2019). 『인공지능과 법』. 박영사.
Beer, J. M., Fisk, A. D., & Rogers, W. A.(2014). Toward a framework for levels of robot autonomy in human-robot interaction. *Journal of Human-Robot Interaction*, 3(2), pp.74-99.
Bekey, G. A.(2005). *Autonomous robots: from biological inspiration to implementation and control*. The MIT Press.
Gunkel, D. J.(2012). *The machine question: critical perspectives on AI, robots, and ethics*. The MIT Press.
Himma, K. E.(2009). Artificial agency, consciousness, and the criteria for moral agency: what properties must an artificial agent have to be a moral agent?. *Ethics and Information Technology*, 11(1), pp.19-29.
Stahl, B. C., & Coeckelbergh, M.(2016). Ethics of healthcare robotics: towards responsible research and innovation. *Robotics and Autonomous Systems*, 86, pp.152-161.
Suman, S.(2024). The legal personality of artificial intelligence: moving beyond the concept of 'electronic persons'. *Jus Corpus Law Journal*, 5(1), pp.139-147.
Thimm, C., Gramelsberger, G., Mayer, M., & Piller, F.(2024). From automation to autonomy: human machine relations in

the age of artificial intelligence. *Human-Machine Communication*, 9(1), pp.7-24.

05
도덕적 행위자로서 인공지능

'인공적 도덕 행위자'에 대한 연구는 인공지능이 인간의 도덕적 가치를 학습하는 것이 가능한지, 도덕 가치의 학습이 가능하다고 할지라도 인공지능에 자율적인 도덕적 판단의 주체라는 지위 및 역할을 부여하는 것이 이론적 · 실천적으로 가능한지를 검토 · 분석한다. 특히 도덕적 행위자로서 인공지능 및 지능로봇의 지위를 승인하기 위해서 인간과 같은 수준의 자의식 및 자유의지가 있어야 하는지에 대한 상이한 입장들이 존재하며 지속적인 논쟁의 대상이 되고 있다.

도덕적 행위자로서 지능로봇

로봇윤리는 인공지능 및 지능로봇이 인간과 같은 독립적인 도덕적 판단 및 행위의 주체로서 승인될 수 있는지에 대한 논의의 지평을 다룬다. 즉 인공지능이 인간의 도덕적 가치를 학습하는 것이 가능한지, 그리고 도덕 가치의 학습이 가능하다고 할지라도 인공지능에게 자율적인 도덕적 판단의 주체라는 지위 및 역할을 부여하는 것이 이론적 · 실천적으로 가능한지에 대한 검토가 이루어지고 있다(이원태, 2015: 5). 이렇듯 도덕적 행위자의 범위는 인간을 넘어서 인공지능 시스템으로까지 확대되어 다루어지고 있으며, 현재 '인공적 도덕 행위자(Artificial Moral Agent; AMA)'에 대한 활발한 논의가 전개되고 있다(Wallach & Allen, 2014: 14). 특히 도덕적 행위자로서 로봇의 지위를 승인하기 위해서 인간과 같은 수준의 자의식 및 자유의지를 필요로 하는지에 대한 상이한 입장들이 존재하며 지속적인 논쟁의 대상이 되고 있다.

자율적인 행위자로서 지능로봇의 윤리적 책무성

도덕적 행위자성(moral agency) 등 도덕성(morality)의 관념은 서구 전통의 도덕철학에 깊이 뿌리내리고 있으며, 인간은 자유로운 행위 능력을 갖고 있다는 점에서 다른 개체들과 구별되는 존재로 이해되어 왔다(Johnson, 2006: 198). 이러한 철학적 전제를 넘어서 지능로봇을 진정한 의미의 도덕적 행위자로 만들 수 있는지에 대한 논쟁이 로봇윤리담론에서 지속되어 왔다. 무어는 인공적 도덕 행위자를 네 가지로 유형화하여 제시하고 있다(Moor, 2006: 18-21). 첫째, 윤리적 영향 행위자(ethical impact agent), 둘째, 내재적 윤리 행위자(implicit ethical agent), 셋째, 명시적 윤리 행위자(explicit ethical agent), 넷째, 완전한 윤리 행위자(full ethical agent)가 그것이다. 윤리적 영향 행위자는 의도했든 의도하지 않았든, 주위 환경에 윤리적 영향을 미치는 결과를 가져오는 행위를 한 기계로서, 이 단계에서는 자기 주도적인(self-directed) 행위의 조짐이 발견되지 않으며, 따라서 진정한 의미의 도덕적 행위자라고 판단하기 어렵다(Tonkens, 2009: 424). 내재적 윤리 행위자는 주로 안전이나 보안의 목적으로 설계 단계에서 윤리적 고려가 내재해 있는 기계로, 스스로 윤리적 결정을 내림으로써 문제를 해결하기보다는, 비윤리적인 결과를 회피하기 위해 도덕적 행위가 제약되어 있다. 이들은 엄밀히 말해 비윤리적으로 행동할 수 없으며, 자율성을 갖춘 충분히 발달된 단계의 윤리적 행위자라고 평가받기 어렵다(Moor, 2006: 19). 이는 부정적인 윤리적 결과를 초래하지 않도록 설계된 기계라고 볼 수 있기 때문에 기계의 그릇된 행동에 대해 설계자 및 사용자가 사실상 책임을 져야 할 가능성이 높다(Tonkens, 2009: 425). 명시적 윤리 행위자는 구체적인 상황에서 윤리적 원칙을 적용하여 행동할 수 있는 기계로서 자신의 결정에 대한 정당화를 논증할 수 있다. 이에 따라 윤리에 따른다기보다는(according to ethics) 윤리로부터 행위하는(acting from ethics) 외관을 창출하게 된다. 완전한 윤리 행위자는 인간과 같이 의식(consciousness), 고의성(intentionality), 그리고 자유의지(free will) 등 형이상학적 양상을 갖춘 존재다(Moor, 2006: 20).

이렇듯 도덕적 행위자로서 로봇의 지위를 유형화하는 것의 의미는 책임 귀속 문제와 밀접한 관련성을 가진다. 지능로봇의 자율성 등 정신적 속성은 윤리적 책임을 논하기 위한 기초 전제로 받아들여져 왔다. 마티아스는 인간의 개입 없이 판단하는 자율적인 인공지능 및 지능로봇이 등장함에 따라 불가피하게 발생할 수 있는 책임 공백(responsibility gap)의 문제를 제기한다(Matthias, 2004). 기계의 행동에 대해 아무도 충분한 통제 권한을 갖지 못하는 지점에서 전통적인 방식의 책임 귀속(responsibility ascription)이 양립 가능하지 않게 된다는 것이다. 이에 대해 지능로봇의 도덕적 지위 및 의무에 대한 수많은 논의가 축적되어 왔다. 예컨대 설린스는 자율적인 로봇이 도덕적 행위자로서의 지위를 획득한다는 주장을 펼치지만(Sullins, 2006), 이에 반해 컴퓨터 시스템은 정신적 상태를 갖추지 못하는 등 필수적인 요건을 충족하지 못하여 자율적이고 독립적인 도덕적 행위자(moral agents)가 될 수 없고 도덕적 개체(moral entities)에 머무를 수밖에 없다는 주장도 발견된다(Johnson, 2006). 또한 자율성 및 자유의지 등 인간과 같은 정신 상태를 고려하는 것 자체에 의구심을 제기하기도 한다. 이러한 주장은 인간의 행동이 자유의지에 기반한 것이라기보다는 환경에 대한 자극과 반응에 불과하다는 뇌 과학적 연구들에 의해 뒷받침된다. 솔럼은 인간의 신경 체계 역시 일련의 전자적 전달이 결합되어 작동하는 것이라고 볼 때, 이러한 생화학적 과정은 물리법칙에서 인간과 컴퓨터의 구별을 흐릿하게 하며, 결국 인간과 컴퓨터 모두 자유의지를 갖는 셈이라는 결론에 이르게 된다고 주장한다(Solum, 1992). 책임에 대한 논의에서도 로봇공학자에게 인공적 행위자의 행위에 대한 책임을 지워야 한다는 입장에서부터(Nagenborg et al., 2008), 제조물 책임, 대리 책임(vicarious liability), 한정 책임 능력(diminished responsibility) 등 기존의 법리에 따라서도 책임 공백을 메울 수 있다는 입장(Asaro, 2012), 나아가 진보된 학습 능력은 로봇의 개발자 및 사용자를 책망하기 어렵게 할 것이며 학습 능력에 비례하여 인공적 행위자 자신에게 책임을 할당하는 것을 합리화하게 될 것이라는 전망 역시 제시된다(Hellström, 2013: 105). 특히 법인과 같은 법인격 확장의 연장선상에서 지능로봇의 법적 · 도덕적 지위를 바라보고자 하는 관점들이 다수 발견된다. 곧 법적 의제로서 법인의 법인격을 인정하고 있음을 고려할 때, 의식의 보유 여부를 기준으로 법인격 승인을 결정하게 되는 것은 모순적 결과를 초래할 수도 있다고 지적하면서(김자회 · 주성구 · 장신, 2017: 140), 법인과 같은 비인간 개체와 유사한 방식으로 로봇의 권리와 책임을 설명할 수 있는 가능성이 제시되고 있다(Weng & Chen & Sun, 2009: 272).

플로리디의 정보 윤리

지능로봇의 윤리담론에서 가장 적극적인 이론적 시도라고 평가할 수 있는 분야는 플로리디(Floridi)의 정보 윤리(information ethics)라고 할 수 있다. 플로리디는 지능로봇에 특화된 로봇윤리가 아니라 정보 나아가 데이터를 포괄하는 윤리담론을 전개하고 있는데, 이때 특히 기존의 인간중심적 패러다임을 넘어서는 사유가 가능할 수 있도록 하는 새로운 차원에서의 개념과 이론을 수립하고 있다는 점에서 주목할 만하다. 정보 윤리의 관점에서는 도덕적이라고 평가될 수 있는 행동을 수행할 수 있는 모든 자율적 존재를 도덕적 행위자로 간주하므로, 인간뿐만 아니라 동물, 나아가 인공적 행위자까지도 도덕적 행위자라는 개념 안에 포섭될 수 있게 된다(신상규, 2016: 291). 이러한 도덕적 행위자 개념은 도덕적 책임을 질 수 있는 존재를 이성적 판단 능력을 갖춘 인간에게만 한정 짓고 있는 기존 책임 개념의 틀을 넘어서고자 제안된 것이다. 또한 근대적인 책임 이론은 발생한 결과에 대한 엄밀한 인과성을 전제로 하지만, 지능정보사회에서 새로이 출현하는 다양한 행위 양상들은 인과성 중심의 책임 개념만으로는 책임 주체를 확정 지을 수 없다는 한계를 내재적으로 갖고 있다(신상규, 2016: 287). 플로리디는 도덕적 '책임(responsibility)' 개념이 인간중심적으로만 사유하는 도덕의 내재적 한계를 넘어설 수 없다고 주장하면서, 전통적인 의미의 책임을 귀속시킬 수 없는 도덕적 행위자들의 선택 및 행동이 급속히 증대되고 있는 현대의 지능정보사회에 적합한 새로운 개념이 제안될 필요성을 역설한다. 도덕적 행위에 대한 규범적 평가에는 기존의 책임 개념을 넘어서는 맥락이 포함되어 있으며, 도덕적 행위자가 책임은 질 수 없는 주체라고 할지라도 도덕적인 행동을 하도록 해야 한다는 당위적 요청이 이론적으로 가능하다는 것이다(신상규, 2016: 291-292). 이러한 맥락에서 플로리디는 책임을 넘어서는 책무(accountability) 내지 책망(censure) 개념을 제안하고 있다(신상규, 2016: 292). 즉 도덕적 책임 개념과 도덕적 책무 개념이 구별될 수 있다는 전제에서, 한편으로 행위자가 자신의 의도 및 의지에 따라 자발적으로 행위했다면 도덕적 책임을 지게 되고, 다른 한편으로 행위자가 도덕적인 것으로 평가되는 행위를 했다면 도덕적 책무가 발생하며, 이는 정신 및 감정이 없는 인공적 행위자에게도 부여될 수 있다는 것이다(이상형, 2016: 298).

이러한 플로리디의 정보 윤리는 도덕적 행위자성을 인정하는 데 일정한 정신 상태를 전제로 하지 않는 관점이라고 볼 수 있으며, 이는 플로리디와 샌더스(Sanders)의 "인공적 행위자들의 도덕성에 대하여(On the Morality of Artificial Agents)"라는 공동 논문에서 더 본격적인 논의로 펼쳐진다(Floridi & Sanders; 2004). 이들은 자율성, 자유의지, 의식 등을 둘러싸고 이루어지고 있는 일련의 개념적 논쟁에서 비켜서기 위해 추상화 수준(Levels of Abstraction; LoA) 방법론을 분석의 도구로 제시한다. 인간의 의식과 인공적 행위자라는 존재의 기초적인 구성 요소를 추상적으로 환원해 그 본질을 '정보적 존재자'라는 하나의 추상화된 관념으로 바라보게 된다면, 인공적 행위자 역시 인간의 지능과 유사한 존재자로서의 실재성을 인정할 수 있게 된다(박욱주, 2020: 226-227). 이러한 방법론은 추상화의 단계를 통해 정보 세계(infosphere)에서 인간만이 아닌 모든 존재가 도덕적 실재자이자 윤리적 행위자로 승인될 수 있도록 한다(김유민 · 목광수, 2021: 456).

또한 플로리디와 샌더스는 인공적 행위자와 그들의 잠재적 도덕성에 관련되는 담론에서 활용될 수 있는 언어들을 제공해 주고자 했다(Grodzinsky & Miller & Wolf, 2008: 115). 이는 기존의 개념을 둘러싼, 해결될 기미 없는 논쟁으로부터 자유로우면서도, 지능로봇과 같은 인공적 행위자에게 윤리적 행동 의무를 부여하기 위해 새로운 개념을 적극적으로 창안하기 위한 시도였다고 평가할 수 있으며, 구체적으로 상호작용성

(interactivity), 적응 가능성(adaptability) 등의 개념들이 적극적으로 제안됐다(Floridi & Sanders, 2004). 예컨대 플로리디와 샌더스는 도덕적 행위자를 둘러싸고 벌어지고 있는 몇몇 까다로운 질문들은 인간에게조차도 문제해결이 쉽지 않으며, 따라서 이러한 난제를 우회할 수 있도록 "정신적 노력을 필요로 하지 않는 도덕성(mindless morality)"과 같은 개념이 필요하다고 주장한다. 결론적으로 이들은 일정한 추상화 수준에서는 기계와 같은 인공적 개체 역시 윤리적 행위자가 될 수 있다고 역설하고 있다.

참고문헌

김유민·목광수(2021). 플로리디(Luciano Floridi) 정보 윤리학의 자연주의 재구성: 자연주의적 오류 비판을 넘어서. ≪범한철학≫, 100집, 453-480쪽.

김자회·주성구·장신(2017). 지능형 자율로봇에 대한 전자적 인격 부여: EU 결의안을 중심으로. ≪법조≫, 66권 4호, 122-157쪽.

박욱주(2020). 인공 에이전트의 정보적 존재자성과 도덕적 책임주체성: 플로리디 정보철학과 칸트 법철학으로 본 인공지능의 인격성. ≪법철학연구≫, 23권 1호, 209-234쪽.

신상규(2016). 자율기술과 플로리디의 정보 윤리. ≪철학논집≫, 45권, 269-296쪽.

이상형(2016). 윤리적 인공지능은 가능한가?: 인공지능의 도덕적, 법적 책임 문제. ≪법과정책연구≫, 16권 4호, 283-303쪽.

이원태(2015). 인공지능의 규범이슈와 정책적 시사점. ≪KISDI Premium Report≫, 2015-07, 1-30쪽.

정채연(2018). 지능정보사회에서 지능로봇의 윤리화 과제와 전망: 근대적 윤리담론에 대한 대안적 접근을 중심으로. ≪동북아법연구≫, 12권 1호, 87-121쪽.

Asaro, P.(2012). A body to kick, but still no soul to damn: legal perspectives on robotics. In Lin, P., Abney, K., & Bekey, G. A.(Eds.), *Robot ethics: the ethical and social implications of robotics*, pp.169-186. MIT Press.

Floridi, L., & Sanders, J. W.(2004). On the morality of artificial agents. *Minds and Machine*, 14(3), pp.349-379.

Grodzinsky, F. S., Miller, K. W., & Wolf, M. J.(2008). The ethics of designing artificial agents. *Ethics and Information Technology*, 10(2-3), pp.115-121.

Hellström, T.(2013). On the moral responsibility of military robots. *Ethics and Information Technology*, 15, pp.99-107.

Johnson, D. G.(2006). Computer systems: moral entities but not moral agents. *Ethics and Information Technology*, 8(4), pp.195-204.

Matthias, A.(2004). The responsibility gap: ascribing responsibility for the actions of learning automata. *Ethics and Information Technology*, 6(3), pp.175-183.

Moor, J. H.(2006). The nature, importance, and difficulty of machine ethics. *IEEE Intelligent Systems*, 21(4), pp.18-21.

Nagenborg, M., Capurro, R., Weber, J., & Pingel, C.(2008). Ethical regulations on robotics in Europe. *AI & Society*, 22(3), pp.349-366.

Solum, L.(1992). Legal personhood for artificial intelligence. *North Carolina Law Review*, 70(4), pp.1231-1287.

Sullins, J. P.(2006), When is a robot a moral agent?. *International Review of Information Ethics*, 6, pp.23-30.

Tonkens, R.(2009). A challenge for machine ethics. *Minds & Machines*, 19(3), pp.421-438.

Wallach, W., & Allen, C.(2010). *Moral machines: teaching robots right from wrong*. Oxford University Press. 노태복 옮김(2014). 『왜 로봇의 도덕인가』. 메디치미디어.

Weng, Y. H., Chen, C. H., & Sun, C. T.(2009). Toward the human-robot co-existence society: on safety intelligence for next generation robots. *International Journal of Social Robotics*, 1, pp.267-282.

06

인공지능과 인간종 중심주의

포스트휴먼 시대에는 전통적인 기계-동물-인간의 구분 및 위계가 사라지고 이들 존재가 서로 뒤섞이는 혼종적인 인격 개념이 출현하게 될 것이다. 이때 인간 개념의 확장적 재해석과 새로운 탈근대적 법적 주체 및 주체성의 등장은 '인간종 중심주의'를 극복의 대상으로 삼는다.

인간과 비인간의 경계를 넘어서: 인간'종' 중심주의의 극복

근대 사상에 내재된 '분리'의 추동은 인간과 비인간의 구별 기준을 제시함으로써 인간중심적인 이론 체계를 정립할 수 있었다. 그러나 다양한 지층에서 펼쳐지는 포스트휴먼 담론은 인간 개념에 대한 근대적 이해를 넘어서고자 한다. 다시 말해, 인간이 현존할 수 있는 다양한 양식이 기술적으로 가능해지고, 인간 외의 비인간이 새로운 인격적 주체로서 등장하는 역사적 맥락을 통해 인간/비인간의 경계가 희석되는 현상은 가속화된다.

결국 인공지능과 포스트휴먼 시대에는 인간과 비인간의 절대적인 구분이 해체되기 시작한다. 이러한 경향성은 극단적으로는 라메트리와 같이 인간을 기계와 동일한 종으로 이해하는 논의로 나아가기도 한다(La Mettire, 1994). 곧 포스트휴먼의 등장은 근대적 인간 개념 및 그 주체적 지위에 대한 해체를 통해 인간중심적이고 개체중심적인 자유주의 휴머니즘으로 회귀하지 않는 새로운 논의의 지평으로 나아가도록 이끈다(김재희, 2014a: 215). 인간과 비인간을 이분법적으로 가르는 근대적 사고에서 나아가 이들을 동시적으로 포괄하기 위한 새로운 인식이 요청되는 것이다(김응준, 2015: 344).

신유물론과의 접점과 근대적 이분법의 해체

인간종 중심주의에 대한 비판 담론의 추이를 따라가다 보면 다른 어느 학제보다 신유물론(new materialism)에서의 논의가 활발하게 이루어지고 있음을 확인할 수 있다. 신유물론은 물질과 실재성에 집중한다는 점에서 유물론이라 지칭되지만, 마르크스(Marx)의 사적유물론이 여전히 인간중심성을 극복하지 못했다고 평가하며, 기존의 '구(舊)'유물론과 구별되는 자신을 '신(新)'유물론이라 천명한다. 이렇듯 신유물론은 근대성과 인간중심성을 넘어서고자 시도한다는 점에서 포스트휴머니즘 및 포스트모더니즘과도 접점을 이루고 있다.

신유물론은 특히 인간중심성이 근대적 사고의 중심적 위치를 차지하도록 한 근대의 이분법적 사고를 해체하는 데 집중한다. 데카르트(Descartes)는 사유하고 생각하는 주체의 확실성이 모든 진리의 기준이 됨을 주장하면서 인간 존재의 기초를 확인하고 개인을 주체로 확립했다. 이로써 주체인 인간과 '저기 밖에 있는' 객관 세계의 구분에 입각한 서구 사회의 근대적 세계관이 자리 잡았다(김욱동, 2021: 15). 근대성이 터 잡은 주체/객체/행위 모델은 "주체와 객체를 구별하면서 이러한 주체와 객체 또는 주체와 주체를 연결하는 수단이나 매체로 행위를 전제"하며, 인간을 권리를 보유하거나 법률 행위를 할 수 있는 주체로 승인하기에 인간중심주의에 바탕을 두고 있다고 할 수 있다(양천수, 2022: 39-40).

신유물론의 관점에서 주체와 객체, 정신(이성)과 물질(몸), 인간과 비인간, 문화와 자연의 이분법은 기본적으로 불평등성을 내포하고 있다. 특히 이성적 사유의 우월성은 인간 외적 존재에 대한 인간적 존재의 우위를 넘어, 인간 주체들 사이에서도 합리적 이성의 기준에 따른 차별을 정당화하기도 했다. 다만 근대의 이분법적 위계질서를 바탕에 둔 인간중심성을 극복한다는 것이 인간 외의 존재를 인간과 동등한 위치로 옮겨 놓는다는 것을 의미하지는 않는다. 이러한 사고는 여전히 인간중심성에 기초해 판단하는 오류를 다시금 초래할 수 있기 때문이다.

근대적 이분법에 대한 해체적 사유를 통해 지금껏 수동적인 것으로 여겨져 왔던 존재들에 대한 사유가 새로이 시작되며, 이는 행위자로서 비인간을 조명하도록 한다. 라투르는 주체/객체의 이분법적 사유를 넘어서기 위해, 자신의 행위자 연결망 이론(Actor-Network Theory; ANT)에서 주체와 객체라는 용어 대신 인간과 비인간 존재 모두를 지칭할 수 있도록 행위자(actor) 개념을 채택

한다(Latour, 2007). 곧 인간과 비인간 모두 행위자로서의 존재 방식을 갖게 되는 것이다.

결국 인간종 중심주의의 극복은 인간의 비인간에 대한 지배적인 지위 및 질서를 해체하는 것을 수반한다. 해러웨이(Haraway)는 인간과 비인간의 이분법 해체가 인간의 타자에 대한 지배 구조와 더불어 인간중심주의의 해체를 의미한다고 말한다(박상현 · 김재웅, 2015: 370). 그녀는 20세기 후반의 기계들이 자연적인 것과 인공적인 것, 정신과 육체, 자기 생성적인 것(self-developing)과 외부적으로 고안된 것(externally designed)과 같이, 기존에 유기체(organisms)와 기계(machines)에 적용되었던 구별점들 사이의 차이를 완전히 모호하게 만들어 왔음을 확인하면서(Haraway, 2006: 120), 서구적 전통에서 유지되어 온 '위계 서열적 이원론(hierarchical dualisms)'을 넘어설 것을 역설한다(Haraway, 2006: 141).

나아가 해러웨이는 인간은 비인간과 결합한 혼종적 존재이기에 인간과 비인간 존재를 날카롭게 분리해 낼 수는 없다는 인식을 구체화한다. 해러웨이는 우리 모두 기계와 유기체가 얽힌 혼종체(hybrid)로서 사이보그라는 점을 천명하는 『사이보그 선언(A Cyborg Manifesto)』

을 발표하면서 문화와 자연, 인간과 기계, 그리고 남성과 여성을 비롯해 근대 체계가 기초하고 있는 이분법적 경계를 해체하고자 한다(Haraway, 2019). 또한 해러웨이는 『반려종 선언(The Companion Species Manifesto)』에서 개나 고양이가 "인간과 의무적이고 구성적이며 역사적이고 변화무쌍한 관계를 맺는 종"이라 설명하면서, 그들과 함께 공진화해 온 인간 역시 반려종(companion species)이라 지칭하기도 했다(Haraway, 2019).

관계성의 복원과 근대성의 성찰

근대의 이분법적 사고는 주체적 지위, 곧 주체성을 유지하기 위해 갈등하고 투쟁하지만, 이러한 갈등적 구조를 해체하면 연대와 협력이 가능해진다(심귀연, 2024: 174). 근대 철학의 토대라 할 수 있는 이분법적 사유와 위계 서열적 질서를 극복함으로써 존재들 간의 관계성을 복원해 실재를 온전히 마주 볼 수 있게 되는 것이다. 이러한 관계성을 바탕으로 종차(種差)를 넘어서는 상호적인 책임과 책무가 도출될 수 있는 것이다. 곧 윤리는 외부적 타자(exteriorized other)에 대한 올바른 반응(response)이라기보다는 우리가 일부를 이루고 있는 것의 활발한 관계성(relationalities)을 위한 책임이자 책무다(Barad, 2007: 393).

이러한 맥락에서 인간과 기계를 비롯한 기술적 대상 간의 관계를 기존의 지배-피지배 패러다임을 넘어서 평등한 상호 협력적인 관계로 이해하려는 새로운 사유 패러다임이 주목받는다. 예컨대 시몽동(Simondon)은 인간과 기계의 본질적 차이에 근거하여 공통의 문제를 해결하기 위해 상호 협력적으로 연대하는 평등한 민주적 모델을 제시하고 있다(김재희, 2014b). 이렇듯 포스트휴먼 시대에는 전통적인 기계-동물-인간의 구분 및 위계가 사라지고 이들 존재가 서로 뒤섞이는 혼종적인 인격 개념이 출현하게 될 것이라고 한다(김재현 · 허선호, 2014: 24).

결론적으로 포스트휴먼 시대에서 인간 개념의 확장적 재해석과 새로운 탈근대적 법적 주체 및 주체성의 등장은 '인간종 중심주의(anthropocentrism)'를 극복의 대상으로 삼는다. 이에 따라 인간의 존엄성 및 인권의 정당화를 위한 이론적 · 철학적 정비가 요청된다. 인간은 바로 인간이기 때문에 존엄하다는 주장은 그 논리적인 모순을 쉽게 드러낼 뿐만 아니라, '인간 종족 중심주의'에 빠질 위험성을 갖고 있기 때문이다(이원봉, 2013: 241, 245). 이러한 시점에서 인간종 중심주의에 바탕을 둔 근대성의 해체적 재구성은 불가피한 과정이라고 할 수 있겠다. 즉 탈인간중심적 사상이 자리 잡으면서 인간중심적 근대 체계는 자기 변화를 꾀해야 하는 시점에 이르렀다는 평가가 설득력을 얻는다.

참고문헌

김욱동(2021). 『환경인문학과 인류의 미래』. 나남출판.

김응준(2015). 포스트휴먼 유토피아?: 공진화와 탈진화 사이의 포스트휴먼 인류. ≪인문과학≫, 58집, 337-363쪽.

김재현·허선호(2014). 인격(Person) 개념에 대한 고찰: 피터 싱어와 화이트헤드의 대화를 중심으로. ≪화이트헤드 연구≫, 29권, 7-29쪽.

김재희(2014a). 우리는 어떻게 포스트휴먼 주체가 될 수 있는가?. ≪철학연구≫, 106집, 215-242쪽.

김재희(2014b). 포스트휴먼 사회를 사유하기 위한 하나의 청사진: 질베르 시몽동의 기술-정치학. ≪범한철학≫, 72권, 387-414쪽.

박상현·김재웅(2015). 영화 그녀〈Her〉에 나타난 포스트휴먼과 철학적 이슈. ≪디지털디자인학연구≫, 15권 3호, 365-374쪽.

심귀연(2024). 『이 책은 신유물론이다: 브뤼노 라투르, 로지 브라이도티, 제인 베넷, 도나 해러웨이, 카렌 바라드의 생각』. 날.

양천수(2022). 현대사회의 구조변혁과 법규범의 대응방향. ≪인간연구≫, 46호, 37-75쪽.

이원봉(2013). 생명윤리와 포스트휴머니즘: 포스트휴먼의 존엄성에 관한 논쟁을 중심으로. ≪환경철학≫, 16집, 235-259쪽.

정채연(2016). 법패러다임 변화의 관점에서 인공지능과 법담론.

≪법과사회≫, 53호, 109-136쪽.
정채연(2017). 포스트휴먼 법담론: 탈근대적 인간의 법적 수용을 위한 시론적 연구. ≪안암법학≫, 54호, 1-36쪽.
한국인공지능법학회(2019). 『인공지능과 법』. 박영사.
Barad, K.(2007). *Meeting the universe halfway*. Duke University Press.
Haraway, D.(2006). A cyborg manifesto: science, technology, and socialist-feminism in the late 20th century. In Weiss, J., Nolan, J., Hunsinger, J., & Trifonas, P.(Eds.), *The international handbook of virtual learning environments*, pp.117-158. Springer.
Haraway, D.(2016). *Manifestly Haraway*. University of Minnesota Press. 황희선 옮김(2019). 『해러웨이 선언문: 인간과 동물과 사이보그에 관한 전복적 사유』. 책세상.
La Mettire, J. O. de(1994). *Man a machine: and man a plant*. Hackett Publishing Company.
Latour, B.(2007). *Reassembling the social: an introduction to actor-network-theory*. Oxford University Press.

07

인공지능과 로봇권

포스트휴먼 시대에서 새로운 인간 이해는 인공지능 및 지능로봇뿐만 아니라 여타 비인간적 주체들에 대한 권리 담론과도 유기적인 상관성을 갖고 있다. 특히 여기에서 주목할 만한 점은 로봇권 담론이 다른 비인간 주체들의 승인 가능성을 다루는 '이차적 권리' 담론으로 연장되어 논의되고 있다는 것이다.

로봇윤리의 세 가지 범주

로봇윤리(robot ethics; roboethics)란 "로봇공학의 실행과 광범위하게 연관된 윤리적 물음들을 다루는 분석과 평가와 토론의 체계"(고인석, 2014: 403)라고 한다. 로봇윤리는 로봇공학 기술의 윤리적 영향과 결과를 이해하기 위한 응용 윤리학과 로봇공학이 교차하는 다학제적 연구 분야라고 할 수 있다(Scheutz, 2013: 164). 이에 따라 로봇윤리담론은 인공지능 혹은 그것이 체화된 지능 로봇의 도입이 가져오는 사회적 영향에 대한 윤리적인 평가를 포함하여, 로봇 개발자 및 사용자의 윤리적 지침, 나아가 도덕적·윤리적 판단의 주체로서 로봇에 이르기까지 다양한 주제들을 다루고 있다. 로봇윤리는 기계 윤리(machine ethics), 컴퓨터 윤리(computer ethics), 인공적 삶(Artificial Life; ALife), 기계 도덕(machine morals), 사이보그 윤리(cyborg ethics), 인공 도덕(artificial morals) 등 다양한 개념과 병렬적·중첩적으로 사용되고 있다.

로봇윤리는 다양한 학제들 간의 통섭적인 연구 분야로서 상당히 방대한 주제들을 아우르고 있기에 해당 담론의 범주를 유형화하는 작업이 중요하다고 할 수 있다. 아사로(Asaro)는 로봇윤리의 세 가지 지평을 다음과 같이 정리한다. 첫째, 로봇에 내장된(built into) 윤리 체계, 둘째, 로봇을 설계하는 사람의 윤리 체계, 셋째, 로봇을 다루는 사람의 윤리(Asaro, 2006)가 그것이다. 또한 베루조와 애브니는 로봇윤리의 담론을 다음과 같은 세 가지 유형으로 구분한다. 첫째, 과학적 · 문화적 · 기술적 수단으로 하여금 인간에게 이익을 제공하고 해악을 피하도록 촉진하는 로봇의 설계자, 생산자, 프로그래머, 사용자의 윤리, 둘째, 인간이 프로그램으로 짜 넣은 윤리적 코드를 준수하는 로봇 스스로의 윤리적 행동, 셋째, 로봇 스스로 내리는 윤리적 논증과 윤리적 결정(Veruggio & Abney, 2012: 347-348)이다. 이를 볼 때, 로봇윤리의 유형화는 주로 도덕적 판단 및 책임의 주체를 기준으로 이루어지고 있는 것으로 보이며, 이는 크게 로봇공학자, 로봇, 그리고 로봇에 대한 인간 주체의 관점으로 이해될 수 있다. 로봇윤리담론에서 자주 언급되는 아시모프(Asimov)의 로봇공학 3법칙(Three Laws of Robotics) 역시 인간에게 해악을 끼치지 않도록 로봇을 설계할 의무, 인간의 명령에 복종해야 할 로봇의 의무, 그리고 로봇 스스로를 파괴하지 않도록 하는 자기 보존 및 보호 의무를 모두 담고 있다는 점에서 이러한 관점들을 포괄하고 있다고 해석될 수 있다.

이러한 논의들을 참고하여 로봇윤리의 세 가지 유형을 다음과 같이 구분하여 제시할 수 있다. 첫째, 로봇공학의 윤리적 지침, 둘째, 도덕적 행위자로서 지능로봇, 셋째, 지능로봇에 대한 윤리적 대우(이상돈 · 정채연, 2017: 285). 이 중 셋째 유형인 '지능로봇에 대한 윤리적 대우'가 로봇권과 관련된 로봇윤리에 해당한다.

지능로봇에 대한 윤리적 대우

로봇윤리는 로봇에 대한 윤리적 처우(treatment) 문제 역시 논의의 대상으로 삼는다. 로봇에 윤리적 대우를 바라보는 관점은 로봇권(robot rights) 담론으로 연장될 수 있다. 로봇권 역시 기계 윤리의 하위 분과로서 독립해 성장하고 있다(Yampolskiy, 2013: 393). 인간-로봇의 상호작용에 대한 연구를 중심으로, 인간과 로봇의 관계성 및 파트너십(human-machine partnerships) 역시 로봇윤리의 주요 쟁점으로 다루어져 왔다(Knight, 2014). 특히 지능로봇에 대한 윤리적 대우와 로봇권을 다루는 지점에서, 로봇윤리가 사회 공동체 내에서 인간과 로봇의 상호 공존을 위한 규범적 테두리 조건이 될 수 있음을 이해할 수 있게 된다. 이러한 논의의 연장선에서 특히 사회적 상호작용 역량을 갖춘 사회적 로봇의 권리 부여 가능성이 검토되고 있다(Gunkel, 2020).

사회적 로봇에 대한 특별한 고려

로봇은 인간이 특정한 목적을 위해 제작한 유용한 도구로서 인공물이면서도(고인석, 2010: 181), 다른 인공물과 구별되는 독자적인 속성을 갖는다. 즉 지능을 가진 인공물(intelligent artefacts)로서 지능로봇은 인간의 능동적인 정신을 모사하면서, 그 자체로 행동의 능동성을 지닌 존재라는 점에서 다른 인공물과 구별되는 특성을 갖는다(고인석, 2014: 402-403). 이렇듯 여타 인공물과 구별되는 지점에서, 지능로봇을 단순한 물건과 달리 윤리적으로 특별하게 취급해야 하는 필요성이 등장하게 된 것이다. 이러한 지능로봇은 그 유형에 따라 관련되는 윤리적 쟁점들이 상이할 수 있는데, 따라서 로봇윤리담론에서 지능로봇의 유형적 다양성을 반영하는 것이 중요한 과제가 된다.

지능로봇의 유형화에서 저자가 먼저 주목하고자 하는 점은 로봇공학의 연구 관심이 산업용 로봇(industrial robot)에서 서비스 로봇(service robot)으로 점차 전환되어 가고 있는 현상이다(Kernaghan, 2014: 486). 서비스 로봇으로의 관심 전환은 공장 등 산업체가 아닌 인간의 일상생활 영역에서 활동하는 로봇이 증대됨을 의미하며, 이에 따라 인간이 삶을 영위하는 예측되지 않고(unpredictable) 비체계적인(unstructured) 환경에서 인간과 공존하고 협력할 수 있는 로봇의 역량 및 기능이 새로이 요청되기 시작한다(Wynsberghe, 2016: 312). 곧 로봇이 인간의 생활 세계로 활동 공간을 옮겨 오면서 새로운 차원의 로봇윤리가 논의될 필요성이 제기된다.

이러한 맥락에서 사회적 로봇(social robots)이 로봇권 논의에서 중요한 주제어로 자리매김하여 왔다. 사회적 로봇에 대해 "인간과 사회적 교감을 나누거나 자율적으로 움직이는 기계"(송근혜 · 이승민, 2017: 484), "일정 임무를 수행하는데 있어서 인간과 같은(humanlike) 방식으로 이해하고 의사소통하는 사회적 행위자"(이원욱 · 전성준 · 김진우, 2018: 5) 등의 정의가 제안되고 있다. 또한 퐁 등(Fong et al.)은 사람과 언어 및 비언어적 방식으로 상호작용하는 로봇을 '사회적인 상호작용 로봇(socially interactive robots)'이라 개념화한 바 있다(Fong & Nourbakhsh & Dautenhahn, 2003). 사회적 로봇의 논의에서 사용되는 개념 및 표현들, 예컨대 관계적 인공물(relational artefacts), 사교적인 로봇(sociable robots), 사회적인 지능 로봇(socially intelligent robots), 그리고 사회적 행위자로서 컴퓨터(Computers Are Social Actors; CASA) 패러다임 등은 모두 자신과 타인의 생각 및 행동 등에 대한 상황적 인식(situational awareness)을 바탕으로, 사회적 의사소통을 통해 반응하고 참여하는 '사회적 지능(social intelligence)'을 갖추고(이현경 · 서현, 2013: 361), 인간과 사회적 방식으로 상호작용하도록 기획되고 설계된 지능로봇을 전제로 하고 있다.

'비-인간' 주체들의 승인

지능로봇의 권리 주체성 및 권리 능력에 관한 논의는 인간에서 법인(legal person), 그리고 전자인(electronic person)과 같은 비인간적 존재로 나아가는 법인격의 확장 역사와도 궤를 같이한다(이중기, 2016: 19).

본래 동물권을 비롯한 이차적 권리 담론은 인권론과 분리되어 별도로 논의되어 온 것이 아니었다. 예컨대 싱어(Singer) 역시 로크(Locke)의 인간지성론이 정초해 있는 인격 개념을 바탕으로 동물에 대한 인격 부여의 가능성을 이론화했다(김재현 · 허선호, 2014: 14). 즉 이차적 권리 담론은 근대적 인격 개념의 확장적 재해석을 통해 형성 · 발전되어 올 수 있었다.

포스트휴먼 시대에서 새로운 주체의 승인은 지능로봇뿐만 아니라 여타 비인간적 주체들의 권리 담론과도 유기적인 상관성을 갖고 있다(Alvarez-Nakagawa, 2024). 포스트휴먼 시대에는 인권과 동물권, 자연권뿐만 아니라 로봇권까지도 상호적으로 얽혀 있다는 관점에서 일련의 권리론을 탐구하려는 경향이 강화되고 있다. 근대적인 인격 개념을 넘어서는 대안적 인격 개념 이론이 포스트휴먼 시대에 재조명되고 있으며, 특히 동식물 및 무생물, 기계적 · 본래적 인간의 상호 관련성에서 인격을 논하도록 하는 이론적 바탕이 주목받고 있다. 특히 로봇권 담론이 다른 비인간(non-human) 주체들의 '이차적 권리(second-order right)' 담론(Darling, 2012)으로 연장되어 논의되고 있는 추세에 주목해 볼 필요가 있다.

근대의 시대정신은 기본적으로 구별과 분리의 추동을 내재하고 있다고 할 수 있다. 이러한 시대적 망탈리테(mentalité)에서 인간은 동물 및 자연을 비롯한 비인간과 자신을 구별 지음으로써 근대적 인간관을 정립할 수 있었다. 이러한 인간중심성에 대한 반성적 성찰은 그동안 근대성이 소외시켜 왔던, 동물권, 미래 세대, 자연/환경, 집단적 권리(문화적 권리) 등 인간 외의 주체들에 대한 새로운 관점을 제공해 주고 있다.

로봇권 담론은 이렇듯 현재 형성 중인 새로운 권리 주체에 대한 담론과 함께 성장하고 있으며, 여기에서 더 나아가 이차적 권리 담론의 촉매제로서의 역할까지도 수행하고 있다.

참고문헌

고인석(2010). 체계적인 로봇윤리의 정립을 위한 로봇 존재론, 특히 로봇의 분류에 관하여. ≪철학논총≫, 70집, 171-195쪽.

고인석(2014). 로봇윤리의 기본 원칙: 로봇 존재론으로부터. ≪범한철학≫, 75집, 401-426쪽.

김재현·허선호(2014). 인격(Person) 개념에 대한 고찰: 피터 싱어와 화이트헤드의 대화를 중심으로. ≪화이트헤드 연구≫, 29권, 7-29쪽.

송근혜·이승민(2017). 기술진화로 인한 인간과 기계의 사회적 관계 연구. 한국기술혁신학회 추계학술대회.

이상돈·정채연(2017). 자율주행자동차의 윤리화의 과제와 전망. ≪IT와 法연구≫, 15집, 281-325쪽.

이원욱·전성준·김진우(2018). "Live within Your Role!": 소셜 로봇의 커뮤니케이션 스타일이 사용자와의 동반자 관계에 미치는 영향. ≪한국HCI학회 논문지≫, 13권 1호, 5-10쪽.

이중기(2016). 인공지능을 가진 로봇의 법적 취급: 자율주행자동차 사고의 법적 인식과 책임을 중심으로. ≪홍익법학≫, 17권 3호, 1-27쪽.

이현경·서현(2013). R-러닝에 있어 로봇과 함께하는 유아의 사회적 상호작용에 관한 연구. 한국유아교육학회 사단법인 창립총회 및 2013년 추계정기학술대회.

정채연(2016). 법패러다임 변화의 관점에서 인공지능과 법담론. ≪법과사회≫, 53호, 109-136쪽.
정채연(2017). 포스트휴먼 법담론: 탈근대적 인간의 법적 수용을 위한 시론적 연구. ≪안암법학≫, 54호, 1-36쪽.
정채연(2018). 지능정보사회에서 지능로봇의 윤리화 과제와 전망: 근대적 윤리담론에 대한 대안적 접근을 중심으로. ≪동북아법연구≫, 12권 1호, 87-121쪽.
한국인공지능법학회(2019). 『인공지능과 법』. 박영사.
Alvarez-Nakagawa, A.(2024). A critical introduction to non-human rights. In Alvarez-Nakagawa, A., & Douzinas, D.(Eds.), *Non-human rights: critical perspectives,* pp.1-12. Edward Elgar Publishing.
Asaro, P.(2006). What should we want from a robot ethic?. *International Review of Information Ethics*, 6, pp.9-16.
Darling, K.(2012). Extending legal rights to social robots: the effects of anthropomorphism, empathy, and violent behavior towards robotic objects. We Robot Conference 2012.
Fong, T., Nourbakhsh, I., & Dautenhahn, K., A survey of socially interactive robots. *Robotics and Autonomous Systems*, 42(3-4), pp.143-166.
Gunkel, D. J.(2020). The rights of (social) robots. In Nørskov, M., Seibt, J., & Quick, O. S.(Eds.), *Culturally sustainable social robotics,* pp.578-581. IOS Press.
Kernaghan, K.(2014). The rights and wrongs of robotics: ethics and robots in public organizations. *Canadian Public Administration*, 57(4), pp.485-506.
Knight, H.(2014). How humans respond to robots: building public policy through good design. Center for Technology Innovation at Brookings, pp.1-20.

Scheutz, M.(2013). What is robot ethics?. *IEEE Robotics & Automation Magazine*, 20(4), pp.164-165.

Veruggio, G., & Abney, K.(2012). Roboethics: the applied ethics for a new science. In Lin, P., Abney, K., & Bekey, G. A.(Eds.), *Robot ethics: the ethical and social implications of robotics,* pp.347-364. MIT Press.

Wynsberghe, A. van.(2016). Service robots, care ethics, and design. *Ethics and Information Technology*, 18(4), pp.311-321.

Yampolskiy, R. V.(2013). Artificial intelligence safety engineering: why machine ethics is a wrong approach. In Müller, V. C.(Ed.), *Philosophy and theory of artificial intelligence,* pp.389-396. Springer.

08
인간과 인공지능의 상호성

동물권을 비롯한 이차적 권리 담론을 바탕으로 새로운 권리 주체로서 인공지능 및 지능로봇을 승인할 필요성과 이러한 로봇권의 인정 근거로서 상호성 및 대화성이 제시될 수 있다. 곧 인간과 상호 주관적이고 상호 인격적인 관계를 형성하는 로봇에 대해 모종의 권리를 부여하기 위한 이론적 시도들이 축적되고 있다.

로봇권과 동물권

인간과 비인간의 권리 간에 이루어지는 상호 얽힘은 권리 인정의 근거 지음을 위한 이론적 기초를 공유하는 것에서부터 시작될 수 있으며, 이때 '상호성(reciprocity)'의 관념이 강조된다. 동물권 담론에서도 인간과 동물의 상호성이 동물의 권리 주체성을 법적으로 승인하기 위한 이론적 근거로서 제시됐다는 점에 주목할 필요가 있다.

동물권 담론에서는 특히 인간과 동물 간의 상호적인 관계를 통해 축적된 경험 및 교감에서 동물 보호와 권리 보장의 근거 지음이 이루어져 왔다. 이러한 상호성에 대한 고려를 엿볼 수 있는 맥락은 동물권의 인정 근거로서 '고통(suffering)'이라는 관념이 갖는 의미에 대한 것이다. 싱어는 쾌락과 고통에 대한 감수성을 바탕으로 동물의 주체적 지위를 논의했다(Singer, 1975). 우리나라의 동물보호법(2015) 역시 동물의 생명 보호, 안전 보장 및 복지 증진을 주된 목적으로 삼으면서(제1조), 이러한 보호의 대상이 되는 동물의 개념 범주를 "고통을 느낄 수 있는 신경 체계가 발달한 척추동물"에 한정하고 있다(제2조 제1호). 또한 동물 실험의 원칙(제23조)에서도 고통이 수반되는 실험에서 고통을 덜어 주기 위한 적절한 조치를 취하도록 하고(제4항), 지속적으로 고통을 받으며 살아갈 것으로 인정되는 경우 가능하면 빨리 고통을 주지 않는 방법으로 처리하도록 하는(제5항) 등 법조문 곳곳에서 고통을 주된 고려 사항으로 삼고 있다는 것을 알 수 있다. 상대방이 경험하는 고통에 대한 인식은 표정, 몸짓, 소리 등의 방식으로 표출된 고통을 지각함으로써 이루어진다는 점에서(김경환 · 최주선, 2016), 고통 관념에는 '상호성' 및 '관계성'이 내재해 있으며, 상호 교감의 근거로 해석될 수 있다. 이는 동물의 고통을 객관적으로 지각하는 데에서 나아가 주관화하는 공감의 가능성, 즉 고통에 대한 공유된 인식을 전제로 삼고 있음을 보여준다.

인공지능 및 지능로봇의 주체적 지위에 대한 논의에서도 동물은 비인간적 존재라는 공통성을 바탕으로 적극적으로 함께 논의되고 있다(Gellers, 2020). 즉 동물권은 인간종 개념을 넘어서는 외적 존재를 권리 주체로서 인정할 수 있는지 여부를 다룬다는 점에서 로봇권 담론과 접점을 이룬다(Sztybel, 2007). 동물에게 권리를 부여하는 인정 근거가 지능로봇에게 공통적으로 활용되기도 하면서 서로가 서로의 논지를 강화하는 논의의 양상을 보여 주고 있다.

인격적 존재로의 승인을 위한 상호성 요청

동물권과 유사한 맥락에서 인간과 상호 주관적이고 상호 인격적인 관계를 형성하는 인공지능 및 지능로봇에 대해 모종의 권리를 부여하기 위한 이론적 시도들이 축적되고 있다. 즉 인공지능에게 인격적인 존재로서의 지위를 부여하는 논리적인 정당성 근거를 인간과 인공지능 사이에 지각과 행동에 따른 상호적인 의미 소통에서 발견하는 것이다(박상현, 2016: 193). (인간과 같은 수준의 이성과 의식을 가지고 있지는 않아도) 대화 및 상호 소통을 통해 대상을 단순한 기계가 아닌 인간과 유사한 존재로 느끼게 되는 시점에서 그 대상인 지능적 개체는 소통 가능한 독립된 주체로 다루어져야 할 존재적 의미를 획득하게 된다(심우민, 2016: 197-198). 이러한 논의를 바탕으로 새로운 권리 주체로서 지능로봇을 승인할 필요성과 이러한 로봇권의 인정 근거로서 상호성 및 대화성이 제시될 수 있다.

인공지능이나 지능로봇과 같이 인간과 유사하게 사고하는 주체가 출현하고, 이들이 인간과 사회에서 상호 소통하게 됨으로써, 새로운 사회질서와 규범의식의 형성을 요청하게 된다(심우민, 2016: 197). 인간이 사회적 관계에서 로봇을 어떻게 다루어야 할지(how to treat robots)와 관련된 논의는 "상호작용의 호혜성"을 바탕으로 한다(이상형, 2016: 294). 사회적으로 구성되는 관념인 책임(responsibility)은 타인에 대한 인정과 응답을 전제로 하기에 본질적으로 관계적이며 상호작용적이다(Liu & Zawieska, 2020: 329). 책임 관념이 일정 수준의 상호성을 요구하는 것과 같이, 권리 관념 역시 상호성 및 상호 의존성의 관계를 형성하고 촉진하는 것으로 볼 수 있다(Marshall, 2014: 79). 곧 인간과 로봇의 상호작용은 로봇을 윤리적 주체로 승인하고 일련의 책임을 부여할 근거를 제공할 뿐만 아니라 동시에 인간에게 역시 호혜성을 깨뜨리지 않도록 하는 의무를 부여할 수 있게 한다. 이렇듯 상호성 및 호혜성은 도덕적 행위자뿐만 아니라 도덕적 수동자(moral patients)로서 지능로봇의 지위를 논할 수 있는 전환점을 마련해 준다.

인간-로봇 상호작용 양상에 따라 나타나는 로봇의 상호성 정도를 로봇권 및 윤리적 지위의 차등적 부여를 위한 기준으로 삼을 수 있다는 가능성이 제시되기도 한다. 예컨대 인간-로봇 간의 상호작용에서 더 나아가, 이성적이고(rational) 지각할 수 있는(sentient) 로봇들 상호 간, 즉 로봇-로봇 상호작용(robot-robot interactions)에 대한 관심을 바탕으로, 인공지능의 내재적인 존엄성과 양도 불가능한 권리의 부여 가능성을 검토된다(Ashrafian, 2015). 앞으로의 지능로봇이 인간과의 관계 맺음과 사회적 경험을 통해 전반적인 사회성을 갖춘 사회적 로봇으로 진화할 것이라는 전망과 인간과의 상호 교감을 바탕으로 하는 사회적 지능이 중요한 연구 주제 및 논의 쟁점으로 부상하고 있는 추이를 이러한 맥락에서 이해할 수 있다.

사회적 로봇의 사회성(sociality)을 바탕으로 인간과 로봇의 사회적 · 도덕적 관계가 형성될 수 있으며, 이를 기초로 로봇권의 부여 가능성에 대한 논의가 본격적으로 펼쳐지게 된다(Seibt et al., 2014). 휴머노이드 및 인간화된 로봇(humanized robot)을 개발하는 데 인간과 유사한 외형에 대한 강조점은 인간과의 관계 맺음에 대한 관심에 기반한다고 볼 수 있다. 로봇에게 권리 주체의 지위를 부여해야 한다는 논의는 이렇듯 로봇을 인간으로 대우하도록 하는 현상적 측면, 즉 로봇을 기계 덩어리가 아니라 의인화된 대상으로 다루는 현상에 대한 고려 역시 포함한다(최은창, 2016: 21). 상호성에 대한 강조는 특히 로봇공학의 연구 성과에서도 발견된다. 사람들이 인간과 상호작용하는 로봇을 인격화(anthropomorphize)하는 경향을 실증적으로 밝혀 온 인간-로봇 상호작용

(Human-Robot Interaction; HRI)에 관한 연구는 인간과 상호적인 관계를 맺는 로봇을 개발함으로써, 포스트휴먼 시대에서 인간과 로봇이 함께 구성원으로서 공존할 수 있는 사회 공동체에 대한 구상을 내포한다.

상호성을 통한 타자의 포용

권리의 인정 근거로서 상호성을 이해할 때, 포스트휴먼 시대에서 새로운 인간상은 단순히 인간 개념의 의미 면적이 확장되는 것을 넘어서 타자와 공생하는 인간상으로 나아감을 알 수 있다. 특히 인간이 인간 외의 존재와 인격적 관계를 맺음으로써 본연의 인간성이 성숙될 수 있다는 구상은 비인간적 존재에 대한 권리 부여의 이론적 기초를 더욱 탄탄히 할 수 있는 계기를 마련한다. 다시 말해, 인간이 인간적 주체뿐만 아니라 이질적인 비인간적 주체와 상호작용함으로써, 새로운 역량을 배양하고 자신의 인간됨을 성숙시킬 가능성에 대한 탐구로 나아가게 되는 것이다.

이러한 논의의 연장선에서 상호성 및 대화성을 바탕으로 근대적 권리 담론을 재구성(reconstruction)한 하버마스(Habermas)의 논의를 포스트휴먼 법담론으로 옮겨 와 포스트휴먼 시대의 대화 윤리를 구상해 볼 수 있겠다. 즉 인간 및 비인간적 주체를 포함한 자유롭고 평등한 인격체들이 참여하는 법적 공동체에서 형성되는 상호 인격적인 관계에 대한 이론적 구상 및 규범적 근거를 하버마스의 대화 이론에서 찾아볼 수 있는 것이다. 나아가 인간과 다른 비인간적 존재들 사이의 상호 교류가 인간의 의사소통적 역량을 강화할 수 있는 가능성 역시 다루어질 수 있다. 이러한 전제에 설 때, 이차적 권리의 승인은 인간 권리의 위축보다는 강화로 이어질 수 있다고 해석될 여지가 있다. 실제로 몇몇 최근 논의들에서 하버마스의 포용(inclusion) 개념을 바탕으로 하여 비인간적 주체에 대한 법적 수용의 가능성이 구체적으로 검토되고 있기도 하다. 예컨대 하버마스의 "이질성의 포용" 혹은 "타자의 포용(the inclusion of the other)"을 해석하는 데에서 다른 인간뿐만 아니라, 동물, 환경, 기계, 도덕적 행위자(moral agency)까지도 전통적인 의미의 소외된 타자들(marginalized others)로 다룰 수 있다는 이론적 가능성이 언급되기도 한다(Gunkel, 2012: 161).

참고문헌

김경환·최주선(2016). 포스트휴먼법의 체계와 이슈. 한국포스트휴먼연구소·한국포스트휴먼학회 편, 『포스트휴먼 시대의 휴먼』, 155-190쪽. 아카넷.
김재희(2014). 우리는 어떻게 포스트휴먼 주체가 될 수 있는가?. ≪철학연구≫, 106집, 215-242쪽.
박상현(2016). 영화 속 인공지능의 현상학적 인간성: 영화 “트랜센던스”와 “그녀”를 중심으로. ≪커뮤니케이션 디자인학연구≫, 55권, 191-202쪽.
심우민(2016). 이행기 IT법학의 구조와 쟁점: 가상현실과 인공지능의 영향을 중심으로. ≪언론과 법≫, 15권 1호, 183-216쪽.
이상형(2016). 윤리적 인공지능은 가능한가?: 인공지능의 도덕적, 법적 책임 문제. ≪법과정책연구≫, 16권 4호, 283-303쪽.
정채연(2016). 법패러다임 변화의 관점에서 인공지능과 법담론. ≪법과사회≫, 53호, 109-136쪽.
정채연(2017). 포스트휴먼 법담론: 탈근대적 인간의 법적 수용을 위한 시론적 연구. ≪안암법학≫, 54호, 1-36쪽.
정채연(2018). 지능정보사회에서 지능로봇의 윤리화 과제와 전망: 근대적 윤리담론에 대한 대안적 접근을 중심으로. ≪동북아법연구≫, 12권 1호, 87-121쪽.
최은창(2016). 인공지능 시대의 법적·윤리적 쟁점. ≪Future Horizon≫, 28권, 18-21쪽.
한국인공지능법학회(2019). 『인공지능과 법』. 박영사.
Ashrafian, H.(2015). AIonAI: a humanitarian law of artificial intelligence and robotics. *Science and Engineering Ethics,* 21, pp.29-40.
Gellers, J. C.(2020). *Rights for robots: artificial intelligence, animal and environmental law.* Routledge.
Gunkel, D. J.(2012). *The machine question: critical perspectives on AI, robots, and ethics.* The MIT Press.
Liu, H.-Y., & Zawieska, K.(2020). From responsible robotics towards a human rights regime oriented to the challenges of

robotics and artificial intelligence. *Ethics and Information Technology*, 22(4), pp.321-333.

Marshall, J.(2014). *Human rights law and personal identity*. Routledge.

Seibt, J., Hakli, R., & Nørskov, M.(Eds.)(2014). *Sociable robots and the future of social relations*. IOS Press.

Singer, P.(1975). *Animal liberation: a new ethics for our treatment of animals*. Random House.

Sztybel, D.(2007). Animals as persons. In Castricano, J.(Ed.), *Animal subjects: an ethical reader in a posthuman world*, pp.241-257. Wilfrid Laurier University Press.

09
인공지능과 인간-기계 상호작용

최근의 인간-로봇 상호작용연구 동향은 인간이 로봇을 어떻게 인지하고, 사회적 · 정서적 존재로서 어떻게 대우하는지와 같은 현상적 측면에 관심을 기울이고 있다. 이를 통해 인간과 기계 간에 수립되는 관계성 그 자체에 바탕을 둔 도덕적 인격의 승인 가능성을 논할 수 있게 된다.

인간과 로봇의 상호작용

윤리는 타인과의 관계를 기본적인 전제로 하는 가치 규범이다(조광제, 2011: 2). 인공지능 및 지능로봇을 도덕적 주체로 승인하기 위한 정당화 논거로서 도덕 및 윤리가 행위자들 간의 관계에서 발생한다는 점을 중요한 고려 사항으로 삼아야 한다고 주장되기도 한다(이상형, 2016: 293). 곧 행위자들 간의 의사소통 및 상호작용을 통한 신뢰의 형성이 행위자의 도덕적 주체성을 인정하는 근거가 되어야 한다는 것이다. 이렇듯 실재하는 인간-로봇의 상호작용 및 관계성에 대한 윤리적 논의에서 실천 윤리학 및 응용 윤리학(applied ethics)으로서 로봇윤리의 속성이 잘 나타난다(Coeckelbergh, 2009: 218). 특히 인간의 일상적 공간에서 활동하는 사회적 로봇은 로봇 설계자에서 로봇 사용자의 로봇윤리로 논의의 중점을 옮아오게 한 계기를 마련했다고 할 수 있으며, 사용자를 단순히 보조하는 단계에서 나아가 협력적인 관계에 기반한 동반자로서의 파트너십을 구축하는 인간과 로봇 사이의 관계성이 윤리담론에서 본격적으로 검토되기 시작했다(권동수 · 이강우, 2005: 5).

로봇윤리담론에서 인간과 로봇의 상호작용을 통해 형성되는 관계성에 대한 관심을 촉발한 계기는 인간-로봇 상호작용(Human-Robot Interaction; HRI) 연구(이하 'HRI 연구')의 활성화를 통해 본격적으로 마련되었다고 할 수 있다. HRI 연구는 인간-기계 상호작용(Human-Machine Interaction; HMI) 및 인간-컴퓨터 상호작용(Human-Computer Interaction; HCI)에서 독립되어, 1990년대 중반부터 괄목할 만한 성장을 보여 주고 있다(Kiesler & Hinds, 2004: 4). HRI 연구는 수용 가능한(acceptable) 로봇을 개발하는 데 고려되어야 할 속성들을 실증적·경험적으로 연구하는 분야로서 로봇공학을 중심으로 형성되었으나, 언어학, 심리학 등 다양한 학제들 간의 통합적인 연구 분야로 성장해 나아가고 있다. HRI 연구는 인간과 로봇 개체가 서로 영향을 주고받는 방식에 대한 연구로서 인간과의 보다 원활한 상호작용을 바탕으로 협동적이고 친숙한 로봇 시스템을 구축하기 위한 연구 성과들이 지속적으로 축적되고 있다. 예컨대 인간-로봇 간의 의사소통 활성화를 위한 로봇의 음성, 몸짓(gesture), 표정 등 비언어적 영역을 포함하는 대화 역량에 대한 연구, 사용자의 의도 및 정서 상태를 인식하고 인간을 상대로 한 정서적 표현 및 반응을 학습시키는 인지적·정서적 모델링(cognitive/emotional modeling)에 대한 연구, 그리고 사용자가 사용하기에 편리하고

(convenient) 협력적인(cooperative), 나아가 인간과 친밀한(close) 관계를 형성할 수 있도록 하는 로봇에 대한 연구 등 다채로운 주제들을 포괄하고 있다(권동수 · 이강우, 2005: 5).

이때 HRI 연구에서 관찰되는 로봇에 대한 인간의 반응은 지능로봇이 지능, 자유의지, 자율성을 보유하는지 여부를 떠나, 인간-로봇 간에 수립되는 관계성 그 자체에 바탕을 두는 도덕적 인격의 승인 가능성을 논할 수 있도록 한다. 소위 강인공지능(Strong AI)에 이르지 못한 단계의 지적 능력을 갖춘 비인간적 존재인 지능로봇에 대해서도 인간은 정서적 유대와 친밀감을 형성하고 있음이 목격되고 있다. 일련의 연구 성과들은 사람이 기계를 사회적 행위자로서 다루는 경향성을 보이며, 사람들이 다른 컴퓨터 기술에 비해 자율적인 로봇을 달리 인지하고 있고(Kiesler & Hinds, 2004: 3), 다른 사람들과의 상호작용과 유사하게 로봇에 대해 사회적으로 반응하고 있음을 밝히고 있다. 특히 사용자들은 대체로 로봇의 행동 및 외관을 통해 모종의 인격성(personality)을 인지하기도 하고, 상대적으로 뚜렷한 인격성을 갖추었을 때 더 적극적으로 상호작용하고 관계를 구축하고자 시도한다고 한다(Prescott et al., 2012). 다시 말해, 최근의 HRI 연구 동향은 인간이 로봇을 어떻게 인지하고(perceive), 사회적 · 정서적 존재로서 어떻게 대우하는지와 같은 현상적 측면에 관심을 기울이고 있다.

지능로봇의 의인화

HRI 연구에서 주목받는 쟁점은 바로 의인화(anthropomorphism)다(Kühne & Peter, 2023). 의인화는 "자연현상 혹은 인간의 의식에서 이해하기 힘든 어떤 신비적 세계를 인간 중심적 관점에서 이해하는 인지방식"으로 개념 정의된다(임종수 외, 2017: 115). 로봇윤리의 맥락에서 풀이하면 "비인간 영역을 인간의 특성과 결부시켜 이해하려는 지각방식"이라고 할 수 있는 의인화는 인간이 비인간적 존재에게 인간과 같은 성정 및 의도를 부여하여 인간과 같이 바라보고자 하는 의인관(anthropomorphism)과 비인간적 대상에게 고유한 인격적 속성을 부여하는 인격화(personification)를 포함한다고 한다(임종수 외, 2017: 137).

다시 말해, 지능로봇에서 의인화는 인간이 비인간과 인간다움(humanness)의 상호작용성을 얻기 위한 실천방법으로 이해된다(임종수 외, 2017: 115). 인간은 의인화를 통해 지능로봇과 소통하며 그에게 인격적 지위를 부여하고자 하는 경향성을 보여 준다. 이때 지능로봇의 자유의지 및 자율성의 실재성보다는 오히려 신체성과 같은 외양에 대한 인식 관심으로 나아가고 있음에 주목해 볼 필요가 있다. 상당수의 HRI 연구 성과는 인간과 닮은 외양(humanlike appearance)을 가진 휴머노이드(humanoids)가 인간과 더 용이한 사회적 상호작용을 하고 있음을 보여 준다(Zhao & Malle, 2022). 휴머노이드와 유사한 개념으로서 안드로이드(androids)는 피부 질감, 몸짓, 기타 행동들까지 인간을 모방하여 인간과의 구별이 사실상 불가능하도록 설계된 로봇을 의미하며, 휴머노이드 로봇은 그것의 "중대한 형상(gross morphology)"이 인간과 닮았다는 점에서 인간과 유사한 로봇을 일컫는다(MacDorman & Ishiguro, 2006: 322). 생물 형태의 바이오모픽 기계(biomorphic machines)로서 휴머노이드 로봇은 인간에게 "사회적(sociable)"으로 보일 수 있는 로봇을 만들기 위한 노력으로 해석될 수 있다(Weng & Chen & Sun, 2009: 268, 273). 소프트웨어로서 인공적 지능과 하드웨어의 결합인 지능로봇은 인간과 유사한 신체 구조를 갖게 되면서 특별한 윤리적 고려의 대상이 되기 시작한다.

HRI 연구에서 의인화는 기존의 로봇윤리에서 중요시

했던 '정신(mind)'에 대한 배타적인 관심에서 벗어나 외양(appearance)의 윤리적 중요성을 진지하게 검토하도록 했다(Coeckelbergh, 2009: 220). 인간과 지능로봇의 상호작용 및 사회적 관계 형성에서 의인화적 요소와 신체적 근접성(physical proximity)이 가지는 중요성에 대한 연구 관심(Kiesler & Hinds, 2004: 3)은 지능, 의식, 감정 등과 같은 내재적 속성이 실재(real)하는지보다는 외견상 분명(apparent)한지 여부에 집중하도록 하는 관점의 전환을 가져왔다고 평가받는다. 곧 인간을 대상으로 하는 로봇의 특정 행동이 해당 로봇의 정신에서 '진정' 무엇에 근거한 것인지보다는 로봇이 인간에게 어떻게 보이는지에 관심을 두도록 한다. 지능로봇이 지각을 갖추지도(sentient) 않고 감정을 결여하고 있다고 할지라도, 인간이 해당 로봇을 감각(sensations) 및 감정을 마치 가지고 있는 듯(as if) 행동한다는 점 자체에 주목하는 것이다. 이는 로봇의 정신 내부(inside)에 대한 질문에서 로봇이 우리에게 무엇을 하는지(what robots do to us) 그 외부에서의 질문으로 나아가는 전향이라고 볼 수 있다(Coeckelbergh, 2009: 219).

물론 이러한 외형적 의인화가 인간과의 의사소통 및 관계 형성에서 항상 긍정적인 작용만을 하는 것은 아니라는 견해 역시 존재한다. 대표적으로 '불쾌한 골짜기(uncanny valley)' 가설에 따르면(Mori, 1970: 33-35), 인간과 유사한 형상이 일정 수준에 이르면 친밀감보다는 불쾌감, 공포감 및 혐오감을 불러일으키게 된다. 인간은 인간과 로봇의 불분명한 경계에 대해 불안감을 표출하게 될 것이며, 이에 따라 적절한 로봇윤리 지침이 수립되어야 한다는 주장도 있다(Weng & Chen & Sun, 2009: 275). 이에 대해 해당 가설은 과장된 주장이라는 견해들과 여전히 유효하다는 견해들이 교차하고 있는 것으로 확인된다. 다만 사회적 로봇이 점차 상용화되고 로봇과의 상호작용이 빈번하고 일상적으로 이루어짐에 따라, 1970년대에 제안된 모리(Mori)의 가설이 갖는 설득력이 미미해지는 문화적 변화가 예측된다는 전망이 우세해져 가는 추세로 보인다(Pearson & Borenstein, 2014: 27). 모리의 가설은 인간과 유사한 외양을 가졌지만 그러한 외양을 가진 존재에게 통상적으로 수반되는 핵심적인 속성(key attributes)을 갖추지 않았을 때 유발되는 불쾌감을 다루고 있는 것이며, 이러한 인간적 속성을 형성하는 과정이 의인화를 통한 상호작용이라고도 볼 수 있는 것이다.

인간과 로봇의 동반자 관계

지능로봇과의 상호작용은 그 자체가 사회적 경험이라고 할 수 있다(임종수 외, 2017: 138). 특히 인간과 로봇이 협력적인 동반자로서의 관계(companionships)를 맺게 되면서 인간과 로봇 간의 상호작용 및 관점 교환은 로봇 윤리의 중요한 기초를 마련해 주었다. 전통적으로 로봇은 위계적인 주인-노예 관계에서 인간을 모시는 종속적인 지위를 부여받았다(Kim & Park & Sundar, 2013: 1799). 이러한 인간중심의 주종적 관계와 노예적 신분(servitude)은 '로봇(robot)'이라는 개념의 어원을 거슬러 올라가 보면 분명하게 드러난다. 1921년 차페크(Čapek)는 자신의 연극 〈R. U. R(Rossum's Universal Robots)〉에서 "고된 일" 내지 "강제 노역"을 뜻하는 체코어인 'robota'에서 착안하여 로봇 개념을 처음으로 사용했다. 그러나 오늘날 상대방의 의도 및 감정을 파악하고 타인과 관계를 형성하는 사회적 능력, 곧 사회성(sociability)을 갖춘 사회적 로봇의 출현은 지능로봇을 더는 비사회적 기계로 취급할 수 없도록, 나아가 주종적 관계를 넘어서 동반자적 관계로 나아가도록 하는 전향점이 되었다. 이와 관련된 HRI 연구 성과들 역시 상당수 축적되었다고 볼 수 있는데, 예컨대 다나카(Tanaka) 등의 연구에 따르면, 큐리오(QRIO) 로봇과 상호작용한 아이(toddler)들이 로봇을 장난감이 아닌 친구(peer)로 대우하기 시작했고, 로봇에 대한 돌봄 행동을 보여 주기도 했다고 한다(Tanaka & Cicourel & Movellan, 2007).

친밀한 유대감에 기반한 협력적인 동반자로서 로봇의 존재는 보다 적극적으로 로봇에 대한 윤리적인 처우와 나아가 로봇권에 대한 논의를 촉발하고 있다. 단순하게는 로보티켓(robotiquette)에 대한 요청에서부터 시작되어 로봇에 대한 비윤리적 취급의 규제 가능성에 이르기까지, 인간과 로봇의 사회적 관계에 따른 적절한 행동 양식에 대한 논의가 로봇윤리의 지평에서 펼쳐지고 있다. HRI 연구에서도 상호 소통을 위한 지능로봇의 지각적 · 인지적 · 정서적 능력, 즉 로봇의 상호작용 능력(interactability)을 기초로 하는 인간-로봇 상호작용 평가 척도(HRI evaluation metrics)가 중요한 연구 주제로 다루어지고 있으며(Weiss et al., 2009), 이러한 척도를 로봇에 대한 윤리적 처우 및 로봇권 부여 가능성을 검토하는 기준으로 활용할 것이 제안되고 있기도 하다.

참고문헌

권동수·이강우(2005). 인간-로봇 상호작용연구: 인간과 로봇의 새로운 공존을 위하여. ≪로봇과 인간≫, 2권 3호, 5-8쪽.
이상형(2016). 윤리적 인공지능은 가능한가?: 인공지능의 도덕적, 법적 책임 문제. ≪법과정책연구≫, 16권 4호, 283-303쪽.
임종수 외(2017). AI 로봇 의인화 연구: '알파고' 보도의 의미네트워크분석. ≪한국언론학보≫, 61권 4호, 113-143쪽.
정채연(2018). 지능정보사회에서 지능로봇의 윤리화 과제와 전망: 근대적 윤리담론에 대한 대안적 접근을 중심으로. ≪동북아법연구≫, 12권 1호, 87-121쪽.
조광제(2011). 인간-로봇 소통의 인식론적 기초와 윤리. ≪철학논집≫, 24권, 85-109쪽.
한국인공지능법학회(2019). 『인공지능과 법』. 박영사.
Coeckelbergh, M.(2009). Personal robots, appearance, and human good: a methodological reflection on roboethics. *International Journal of Social Robotics,* 1(3), pp.217-221.
Kiesler, S., & Hinds, P.(2004). Introduction to this special issue on human-robot interaction. *Human-Computer Interaction,* 19(1), pp.1-8.
Kim, K. J., Park E., & Sundar, S. S.(2013). Caregiving role in human-robot interaction: a study of the mediating effects of perceived benefit and social presence. *Computers in Human Behavior,* 29, pp.1799-1806.
Kühne, R., & Peter, J.(2023). Anthropomorphism in human–robot interactions: a multidimensional conceptualization. *Communication Theory,* 33(1), pp.42-52.
MacDorman, K. F., & Ishiguro, H.(2006). The uncanny advantage of using androids in social and cognitive science research. *Interaction Studies,* 7(3), pp.297-337.
Mori, M.(1970). The uncanny valley. *Energy,* 7(4), pp.33-35.
Pearson, Y., & Borenstein, J.(2014). Creating "companions" for

children: the ethics of designing esthetic features for robots. *AI & Society*, 29(1), pp.23-31.

Prescott, T. J., et al.(2012). Robot companions for citizens: roadmapping the potential for future robots in empowering older people. Proceedings of the BRAID Final Conference, Prague.

Tanaka, F., Cicourel, A., & Movellan, J.(2007). Socialization between toddlers and robots at an early childhood education center. *Proceedings of the National Academy of Sciences of the United States of America*, 104(46), pp.17954-17958.

Weiss, A., Bernhaupt, R., Lankes, M., & Tscheligi, M.(2009). The USUS evaluation framework for human-robot interaction. *Proceedings of the Symposium on New Frontiers in Human-Robot Interaction*, 4(1), pp.11-26.

Weng, Y. H., Chen, C. H., & Sun, C. T.(2009). Toward the human-robot co-existence society: on safety intelligence for next generation robots. *International Journal of Social Robotics*, 1(4), pp.267-282.

Zhao, X., & Malle, B. F.(2022). Spontaneous perspective taking toward robots: the unique impact of humanlike appearance. *Cognition*, 224, pp.1-14.

10
인공지능과 인간의 공진화

인공지능과 인간의 관계성은 새로운 기계종과의 상호작용으로 인해 인간 자신의 자기 이해가 변화하고 인간의 전반적인 역량이 강화될 수 있다는 공진화(co-evolution)의 가능성에 대한 논의로 나아간다.

인간과 로봇의 정서적 소통과 공감

인간과 로봇 간 상호적 관계의 맥락에서 인간과 로봇의 감정(emotion)이 갖는 의미가 로봇윤리담론에서 주목된다. 이는 기존의 윤리담론이 정초했던 이성 중심의 관점에서 감정에 대한 중요성을 강조하는 관점으로의 전환이라 평가받기도 한다. 특히 HRI 연구는 인간과 로봇 간의 사회적 관계를 형성하고 증진하는 데 감정이 갖는 역할에 대해 주목하도록 했다. 지능로봇의 의인화 역시 인간과 비인간 행위자의 상호작용에서 감정이입 등 상호 간 감정적 가치 형성에 중요한 영향을 미치는 것으로 나타난다(임종수 외, 2017: 116). 이에 따라 HRI 연구에서는 이성적 규칙의 알고리즘에 집중해 왔던 기존의 표준적인 로봇 연구를 넘어서고자 하는 시도, 즉 감정적 로봇에 대해 관심을 기울이는 이론적 · 실천적 시도들이 이루어지고 있다. 지능로봇이 자신의 의사 결정 과정에서 여러 가지 목표들의 우선순위를 정하기(prioritize) 위해서는 감정을 필수적으로 갖추어야 한다고 주장되기도 하며(Sloman & Croucher, 1981), 인간-로봇 간 상호작용의 질적 수준을 높이는 데 감정이 갖는 중요성이 강조되기도 하고(Hollinger et al., 2006), 이에 따라 인공지능이 도덕적 행위 및 책임의 주체가 되기 위해서는 도덕적 감정이 내포되어야 한다고 요청되기도 한다(이상형, 2016: 292).

나아가 타자의 입장에서 감정을 헤아리는 공감(empathy)을 바탕으로 한 도덕적 행위의 영역이 로봇윤리담론에서 주목받고 있다(Allen & Varner & Zinser, 2000). 공감은 그 개념 자체에 상호성 및 관계성을 내재하고 있어, 인간과 로봇 사이에 형성되는 사회적 관계에 도덕적 · 윤리적 의미를 부여하고자 하는 논의에서 특히 주되게 다루어진다. 공감은 타인의 감정을 나의 감정으로 느끼는 것을 의미하며(양선이, 2017: 501), 통상적으로 나 자신의 상황보다는 다른 이의 상황에 더 적합한 정서적인 반응(affective response)을 설명하는 개념으로 사용된다.

이때 감정의 도덕적 · 윤리적 원천을 논한 흄(Hume)의 사상이 로봇윤리담론에서 자주 원용되고 있는 것이 흥미롭다. 흄은 감정 및 정념을 윤리적 의사 결정이 이루어지기 위한 메커니즘으로서 강조한다. 흄은 도덕이 행동 및 감정(affections)에 영향을 미치며 이는 이성으로부터 도출될 수 있는 것이 아니라고 한다. 도덕은 정념(passions)을 불러일으키고 어떤 행동을 하거나 하지 않도록 한다. 하지만 이성 단독으로는 이러한 영향을 도무지 미칠 수 없으며, 이성 자체는 도덕성의 맥락에서 전적으로 무력하다는 것이다. 결론적으로 흄은 도덕성의 원칙은 이성의 결과가 될 수 없음을 주장한다(Hume, 1948). 흄의 입장에서 감정이 없는 인공적 도덕 행위자는 윤리적 결정 및 선택을 내릴 수 없게 된다(Hollinger et al., 2006). 또한 흄에게 공감은 단순한 감정의 차원을 넘어서 소통을 가능하게 만들고 다른 감정에 대한 복합적인 반성을 거친 일종의 정서로 이해된다(박종훈, 2015: 245). 공감은 대상에 대한 일차적 공감과 반성을 거쳐 일관되고 정연한 판단에 이르는 이차적 공감을 포괄하며, 특히 이차적 공감에서 타인과의 소통에 기반한 사회성의 맥락이 강조된다고 한다(송선영, 2017b: 65). 즉 흄이 말하는 공감은 양방향적인 정서의 교환을 기본 바탕으로 삼는다.

이러한 양방향적 정서 교환은 인간과 로봇의 관계를 더 소통적으로 이해할 수 있도록 이끈다. 특히 이때 자기 자신은 타인과의 소통적 관계 속에 위치할 때 실존성을 갖게 된다는 철학적 담론과 로봇윤리가 접점을 이루게 된다. 즉 지능로봇의 실존성은 그것의 내재적 속성 자체에 근거하는 것이 아니라, 인간과의 소통을 통해 인격적 파트너로 인정되면서 로봇의 실존적 의미가 비로소 형성된다는 것이다. 이는 시몽동의 관계론적 존재론과도 궤를 같이한다고 볼 수 있다(Simondon, 2011). 이러한 관점에서 조광제는 자신을 대상으로 바라보는 시선을 통해 타인의 존재를 확인하는 사르트르(Sartre)의 분석에 기초해 소통이 이루어지는 단계적 과정을 제시하면서, 나 자신의 존재가 타인의 시선을 통해 비로소 형성된다는 것을 인정하고 자신과 타인 간에 이루어지는 시선 교환을 통해 서로의 사물성을 발견하는 것이 인간-로봇의 관계에서도 중요하다고 강조한다. 그에 따르면 소통이란 나 자신이 타인에게서 '나를 바라보는 사물성'을, 타인이 나 자신에게서 '그를 바라보는 사물성'을 강화하기 위한 것이라고 한다(조광제, 2011: 7-8). 이러한 입장에서 로봇 역시 소통의 대상이 될 수 있는 타자 내지 타인으로서 충분히 인정될 수 있게 된다. 소통을 통한 타자 존재의 확인은 내면의 의식 및 지향성을 전제 조건으로 삼지 않으므로 타인으로서 로봇을 승인하는 것은 문제되지 않는다(조광제, 2011: 11-16). 이를 통해 인간과 로봇 사이에도 동시적이고 등가적인 시선 교환이 이루어지는 소통 상황을 통한 관계의 수립을 인정할 수 있다(조광제, 2011: 22). 곧 "인간과 로봇 사이에 인간적인 의미 소통이 이루어지는 만큼 인간은 기계고 로봇은 인간"이

된다(조광제, 2005). 이렇게 볼 때, 지능로봇과의 상호작용은 인간에게 기계적인 시선을 제공함으로써 인간 역시 사물성을 지니고 있음을 성찰하도록 하는 등, 새로운 소통의 확장된 영역을 제공하는 긍정의 계기로 해석될 수도 있을 듯하다(조광제, 2011: 17-19). 이러한 논의 역시 '정신'을 실체화하는 내성주의적인 관점으로부터 이탈하고자 한다는 점에서 근대적 사고를 넘어서는 로봇윤리의 대안적 담론이라고 평가할 수 있다.

다만 인공지능 및 지능로봇이 실제 지능을 보유할 수 있는지에 대한 논쟁이 전개되어 온 것과 같이, 이들이 정서 및 공감 능력을 진정 가질 수 있는지에 대해서도 진지한 검토가 이루어지고 있다. 지능로봇의 감정에 대해 회의적인 관점에서는 지능로봇은 인지된 감정의 알고리즘적 계산에 근거하는 표현 및 반응을 표현한 것일 뿐이라고 주장한다(양선이, 2017: 503). 이에 대해, 몇몇 HRI 연구에서는 로봇의 실제 감정 표현보다 인간 사용자의 정서적 상태 인식을 더 중요하게 바라볼 필요성을 제기하고 있다(Leite & Martinho & Paiva, 2013: 303-304). 곧 인간은 자신과 감정적 반응을 공유하는 인공지능을 실제 윤리적 주체로 생각하고 느낄 가능성이 있다는 점 역시 고려할 필요가 있다는 것이다(이상형, 2016: 292).

로봇과 대화하면서 자신에게 적절한 반응을 표현하는 로봇에게 인간은 서로 공감대를 형성하고 있다는 인식에 기초한 행동들을 보인다(송선영, 2017a: 143). 인간이 로봇에 대해 일련의 정서적 반응을 나타내는 연구 결과들은 로봇이 단순한 수단 및 도구에서 나아가 친밀감을 공유하는 대상으로서의 지위를 획득하고 있음을 보여 주는 것이다(송근혜 · 이승민, 2017: 483).

또한 정서적 공감과 소통적 관계의 맥락에서 지능로봇에 대한 윤리적 처우 및 로봇권 논의의 이론적 기초가 더 풍성해진다고 할 수 있다. 흄이 말하는 공감은 기본적으로 양방향적인 정서의 교환을 기본 바탕으로 하며, 타인에 대한 도덕적 상상력이 타인의 고통에 공감하게 하는 원동력이 되고 이를 통해 '우리'라는 관념이 형성될 수 있다고 본다(양선이, 2017: 501). 이러한 관점은 특히 로봇권의 정당성 기초를 동물권과 유사한 맥락에서 다루는 기존 논의와도 상당히 밀접하게 관련된다고 할 수 있다. 곧 로봇에 대한 윤리적 처우는 인간과의 상호작용을 통한 공감의 가능성에서 더 강화된 설득력을 얻게 된다.

로봇을 통한 인간의 역량 강화와 상호 진화의 가능성

인간과 로봇 사이에 이루어지는 양방향의 관계적 소통은 '인간에서 로봇'뿐만 아니라 '로봇에서 인간'으로의 시선을 조명한다. 다시 말해, 인간은 새로운 '기계종(種)'인 로봇과의 새로운 소통 방식을 형성함으로써 '나'를 이해할 수 있는 시선의 힘을 강화하게 되고, 이를 통해 새로운 방식으로 나를 이해하고 다른 사물들과 공명할 수 있게 되며, 새로운 존재 방식을 실현하고 풍부한 윤리 가치를 향유할 수 있게 된다(조광제, 2011: 22-23).

이는 로봇과의 상호작용을 통해 인간 스스로가 자기 자신과 그가 위치한 세계에 대한 새로운 이해를 경험하게 되는 차원을 주목하는 것이다. 카푸로는 로봇을 통한 가치 실현의 정당성을 설명하는 맥락에서, 인간이 로봇과의 비교를 통해 우리 스스로를 재정의(redefine)하게 되며, 이를 통해 인간의 윤리 체계에 지대한 영향을 미칠 것이라고 공언한다(Capurro, 2009: 120). 이는 로봇이 인간 사회에 미칠 수 있는 해악을 회피하기 위한 소극적 · 방어적 차원의 논의에서, 인간과 로봇의 의사소통 및 관계 형성에 대한 보다 적극적 차원의 논의 방향으로 로봇윤리담론이 나아가도록 한다.

이러한 전향은 HRI 연구에서도 상당히 진행된 바 있다. 특히 로봇과의 상호작용이 로봇과의 관계뿐만 아니라 인간-인간 상호작용(human-human interactions) 전반에도 영향을 미친다는 실증적 경험 연구가 지속적으로 축적되면서, 로봇과의 공생(symbiosis)을 정당화하는 논거로 활용되기도 한다(Park et al., 2011). 예컨대 HRI 연구는 자폐 스펙트럼 장애(Autism Spectrum Disorder; ASD) 아동(Damianidou et al., 2020)이나 치매 노인(Fardeau et al., 2023)과 같이 사회적 소통 능력이 부족한 유형을 대상으로 활발하게 이루어지고 있으며, 이들의 소통 장애를 치유하는 데 로봇과의 상호작용이 가지는 의미를 중점적으로 다루고 있다.

이상의 논의는 인간과 비인간을 비롯한 타자들과의 공존 및 공생, 그리고 이질성과의 접촉을 통해 사회적 상호작용 역량을 발전시키고 상호 진화를 모색할 수 있는 가능성에 대한 성찰점을 던져 준다(김재희, 2014: 238). 로봇과의 상호작용을 통한 인간의 전반적인 역량 강화는 로봇윤리담론에서 누스바움의 역량 접근법(Capability Approach)이 주목받는 맥락과도 맞닿아 있다. 역량 접근법은 해당 사람이 무엇을 할 수 있고 될 수 있는지(What is this person able to do and to be)에 대한 대답이라고 할 수 있으며, 인간에게 이러한 기회(opportunities)를 제공하고자 한다(Nussbaum, 2011: 20). 누스바움은 인간다운 삶을 유지하기 위해 길러야 할 핵심적인 역량(capabilities) 열 가지를 다음과 같이 제시한다. 첫째 생명(life), 둘째 신체적 건강(bodily health), 셋째 신체적 온전성(bodily integrity), 넷째 감각, 상상 그리고 사고(senses, imagination, and thought), 다섯째 감정(emotions), 여섯째 실천적 이성(practical reason), 일곱째 관계(affiliation), 여덟째 인간 이외의 다른 종들(other species), 아홉째 놀이(play), 열째 자신의 환경에 대한 통제(control over one's environment)다. 특히 열 가지 핵심 역량 중 하나가 바로 인간 이외의 종(other species), 즉 동물이나 식물 등 자연 세계에 존재하는 모든 것에 관심을 기울이고 관계를 맺으며 살아갈 수 있어야 한다는 것이었다. 이렇듯 누스바움은 인간을 포함하는 동물 일반에 공통적으로 적용되는 권리론의 기초를 제공하면서, 특히 인간과 인간 외적 존재와의 관계 맺음에 주목한다(Nussbaum, 2015: 48-50). 그녀는 이러한 관계 맺음에 바탕을 두고 종들(species)의 형평성 내지 공평성(equity)을 주장하고 있으며, 동물권을 비롯해 인간종 외의 권리 주체 및 인간과의 '공진화(co-evolution)' 가능성을 인정하는 담론에서 종종 이론적 바탕으로 삼기도 한다. 예컨대 누스바움의 역량 개념 및 핵심 역량 목록은 인간에 대한 사회적 로봇의 긍정적 영향을 평가하는 데 기준으로 활용되고 있기도 하다(Coeckelbergh, 2010).

우리의 논의에서는 먼저 동물 및 식물 그리고 자연 세계에 관심을 기울이고 관계를 맺으며 살아갈 수 있어야 한다는 '인간 이외의 다른 종들'이라는 역량이 주목될 수 있다. 해당 역량은 이종(異種) 간의 의사소통 및 관계 형성에 주목하는 것이라는 점에서 자연종만이 아니라 기계종까지 포함하는 것으로 재해석될 가능성이 높다. 그 외에도 로봇을 통한 인간 역량 증대에서 주로 언급되는 것은 사물(things)에 대한 애착(attachment)을 가질 수 있도록 하는 등, 인간의 역량을 계발하는 데 유대 관계 형성이 갖는 중요성을 강조하는 '감정' 역량과, 타자와의 공존 및 다양한 형태의 사회 작용, 그리고 타인의 상황에 대한 상상력 등을 포함하는 '관계' 역량이라고 할 수 있다.

이렇듯 로봇윤리담론에서 역량 접근법에 대해 주목하는 것은 소극적이고 방어적인 인간중심적 윤리에서 더 적극적인 방향성으로의 전향이라고 평가할 수 있을 것이다. 다시 말해, 인간에 끼칠 해악을 피하기 위한 논의에 머무르는 것이 아니라, 인간의 행복 및 번영을 도모하는 방식으로 인간-로봇의 사회 통합에 대한 논의가 이루어지는 것이다(Borenstein & Pearson, 2011).

참고문헌

박종훈(2015). 『공동체와 정서: 윤리문화의 원천』. 인간사랑.

송근혜·이승민(2017). 기술진화로 인한 인간과 기계의 사회적 관계 연구. 한국기술혁신학회 추계학술대회.

송선영(2017a). 로봇과 인공지능 시대의 시민윤리와 도덕교육적 함의: 인공지능형 로봇의 활용을 중심으로. ≪윤리연구≫, 115권, 133-159쪽.

송선영(2017b). 의료용 케어로봇과 환자 간의 서사와 공감 관계의 가능성. ≪인간·환경·미래≫, 18호, 49-76쪽.

양선이(2017). 4차 산업혁명 시대에 요구되는 인성: 상상력과 공감에 기반 한 감수성. ≪동서철학연구≫, 86권, 495-517쪽.

이상형(2016). 윤리적 인공지능은 가능한가?: 인공지능의 도덕적, 법적 책임 문제. ≪법과정책연구≫, 16권 4호, 283-303쪽.

임종수 외(2017). AI 로봇 의인화 연구: '알파고' 보도의 의미네트워크분석. ≪한국언론학보≫, 61권 4호, 113-143쪽.

정채연(2018). 지능정보사회에서 지능로봇의 윤리화 과제와 전망: 근대적 윤리담론에 대한 대안적 접근을 중심으로. ≪동북아법연구≫, 12권 1호, 87-121쪽.

조광제(2011). 인간-로봇 소통의 인식론적 기초와 윤리. ≪철학논집≫, 24권, 85-109쪽.

조광제(2005). 인간과 로봇의 의미소통: 메를로-퐁티의 실존론적·변증법적 행동주의를 바탕으로. ≪시대와 철학≫, 16권 4호, 71-104쪽.

한국인공지능법학회(2019). 『인공지능과 법』. 박영사.

Allen, C., Varner, G., & Zinser, J.(2000). Prolegomena to any future artificial moral agent. *Journal of Experimental & Theoretical Artificial Intelligence*, 12(3), pp.251-261.

Borenstein, J., & Pearson, Y.(2010). Robot caregivers: harbingers of expanded freedom for all?. *Ethics and Information Technology*, 12(3), pp.277-288.

Capurro, R.(2009). Ethics and robotics. In Capurro, R., & Nagenborg, M.(Eds.), *Ethics and robotics*, pp.117-123. IOS Press.

Coeckelbergh, M.(2010). Health care, capabilities, and AI assistive technologies. *Ethical Theory and Moral Practice*, 13(2), pp.181-190.

Damianidou, D., Amin, E., & Arthur-Kelly, M.(2020). The use of robots in social communications and interactions for individuals with ASD: a systematic review. *Advances in Neurodevelopmental Disorders*, 4, pp.357-388.

Fardeau E., Senghor, A. S., & Racine, E.(2023). The impact of socially assistive robots on human flourishing in the context of dementia: a scoping review. *International Journal of Social Robotics*, 15, pp.1025–1075.

Hollinger, G. A., et al.(2006). Design of a social mobile robot using emotion-based decision mechanisms. Proceedings of the 2006 IEEE/RSJ International Conference on Intelligent Robots and Systems, pp.3093-3098.

Hume, D.(1948). *A treatise of human nature*. Hafner Press.

Leite, I., Martinho, C., & Paiva, A.(2013). Social robots for long-term interaction: a survey. *International Journal of Social Robotics*, 5, pp.291-308.

Nussbaum, M. C.(2011). *Creating capabilities: the human development approach.* Belknap Press. 한상연 옮김(2015). 『역량의 창조: 인간다운 삶에는 무엇이 필요한가?』. 돌베개.

Park, S. J., Han, J. H., Kang, B. H., & Shin, K. C.(2011). Teaching assistant robot, ROBOSEM, in english class and practical issues for its diffusion. Proceedings of the IEEE ARSO(A Workshop on Advanced Robotics and its Social Impacts) Conference, pp.8-11.

Simondon, G.(2001). *Du mode d'existence des objets techniques.* 김재희 옮김(2011). 『기술적 대상들의 존재양식에 대하여』. 그린비.

Sloman, A. & Croucher, M.(1981). Why robots will have emotions. IJCAI'81 Proceedings of the 7th International Joint Conference on Artificial Intelligence, 1, pp.197-202.

정채연

포항공과대학교(POSTECH) 인문사회학부 대우부교수다. 고려대학교에서 법학사, 법학 석사, 법학 박사 학위를 받았다. 뉴욕대학교(NYU) 로스쿨에서 LL.M. 학위를 받았으며 현재 뉴욕주 변호사다. 대법원 사법정책연구원 연구위원과 한국과학기술원(KAIST) 미래전략대학원 연구조교수를 지냈다. 법철학, 법사회학, 법인류학 같은 학제 간 연구를 이론적 토양으로 해 법다원주의, 다문화주의, 관용 그리고 세계주의에 대한 기초법적 연구를 지속해 왔다. 최근에는 지능정보사회에서 인공지능과 지능로봇, 포스트휴먼, 블록체인 기술과 관련된 법이론적 쟁점에 주목하고 있다. 저서로 『생성형 AI와 법』(공저, 2024), 『세일라 벤하비브』(2024), 『코로나 시대의 법과 철학』(공저, 2021), 『인공지능과 법』(공저, 2019), 『인공지능과 자율주행자동차, 그리고 법』(공저, 2017) 등이 있다.